遇見徐志摩

風往哪裡吹

敏君 著

五南圖書出版公司 印行

前言

提起「民國」，印象裡總有一股煙草氣息彌漫在那個時代的空氣裡，嗆人。那時的知識份子，越馬橫刀，在這個古老而龐大國家的轉型時期，面對殘酷現實，揮動他們犀利的筆刀。刀光下，變革與熱血便成了時代的主旋律，因此，我很難想到，那個時代也曾是徐志摩生活的年代。因爲當他身邊的朋友，乃至對手都手持刀劍時，他偏偏捧著鮮花，在那股彌漫煙草氣息的空氣裡，散發著不合時宜的淡淡香氣。

我愛他，不愛他，都是因爲這香氣。

很難愛他——他忍心讓妻子墮胎，只求與他眞正愛的人結合；他在國家危亡之際，寫得最多的是情詩；他在社會轉型的關鍵時刻，關注最多的是自己的內心；他只願活在自己的世界裡，棄現實不顧，低頭實踐自己的浪漫理想。

也很難不愛他——他用十年開創了中國近代詩壇上影響深遠的文學流派；這個以情詩聞名的詩人，也曾放下詩歌，發表一系列政論文討論中國未來國運，目光長遠，看得透徹；這個過分浪漫的男人說過，死在戰場上是今日詩人最好的歸宿；在絕望與希望角力，光明與黑暗未分明的年月，他是這樣一個人：至死那一刻，他都相信人間有愛、有美、有自由。

愛徐志摩，愛他的熱烈的浪漫，恨徐志摩，恨他缺少冷靜的哲思。但或許正因爲徐志摩少了魯迅冰山似的冷酷與理性，而在「殘缺」中成就了他的另一種「完美」。所以，他的情詩，最終竟能穿透那個時代嗆人的煙草味，清新而倔強地活在人們心裡。

也許，徐志摩與魯迅式人物的不同之處，僅在於追求理想的方式不同。徐志摩與所有人一樣，追求著屬於自己的愛與美，只是，當你選擇了用尖利的武器雕琢理想時，徐志摩偏偏選擇了詩作爲實現的手段，而他同時也選擇了女人作爲理想的落腳點。

無論是美麗的化身曼殊斐兒，還是從他詩裡走出的林徽因；從日本女郎一低頭的嬌羞，到新加坡朱古律女孩濃得化不開的絢麗，都是他對美麗柏拉圖式的追尋。最終，徐志摩把浪漫信仰投射在陸小曼身上。

這個明媚動人的女子，貌美出眾，才華橫溢。她與徐志摩一樣，曾經被困於婚姻的牢籠。徐志摩遇到她，便用一種溫柔而堅定的介入，激起陸小曼被自己埋沒的意志，使她努力認清了自己的方向。於是，一場急風驟雨的愛情，成全了兩人神聖的婚姻與自由。當徐志摩將陸小曼真正擁在懷裡時，那真實的觸感彷彿承載了他所有「詩化的生活」。這便是徐志摩追求自由的方式，用愛與女人承載他的關於美的理想。

但生活與詩從來就只能站在理想的兩端互相遙望。徐志摩關於美的理想，圓滿在婚禮上，卻最終被現實的利刃摧殘。還是梁實秋先生的評價中肯，他說徐志摩太單純，以為理想可以托著他飛在雲端，但最終卻在現實中折了翅膀。當初飛得多高，如今便跌得多痛。徐志摩無奈中，只得揮揮衣袖，理想的雲彩留在回憶裡再也帶不走。

所以，當他身體裡所有的愛在現實裡流盡時，也許只有命運知道，太複雜的現世容不下太單純的信仰。他像所有才華橫溢的浪漫主義詩人一樣，用悲壯的方式結束了短暫而豐富的一生。這個爲愛而生的詩人曾對他的朋友說：「我要把生命留給更偉大的事業呢。」但這事業卻終究未完成。有人說，徐志摩再走下去，或許會長大，孩子總有一天會看清現實的樣子。只是上天不願再給他十年，所以，徐志摩永遠單純著信仰，懷抱著赤子的天眞，在民國文人步履莊重的沉穩序列裡，歡跳著向前。

今天，有關徐志摩所有的愛與恨，都離不開一個名爲「時代」的鏡頭。透過它，所有人的形象都被嵌入「民國」的相框，站定了各自的位置，也許這是評價一個人最恰當的方式。但無論何時，赤子般純情的理想，哪怕實現的方式再不現實，也總能從時代煙塵裡透出亮光來。

目錄

1 你的明媚我的憂傷

1

你的明媚我的憂傷

婚禮是自由的輓歌

一九八八年，紐約的一份中文報紙登載了一篇報導：

「據《紐約時報》二十四日報導，近代中國著名詩人徐志摩的元配夫人張幼儀女士，已在上週六（二十一日）因心臟病突發病逝於紐約的曼哈頓寓所，享年八十八歲……」

張幼儀去世了。

她的離開，終於定格了近代中國文壇上一幅鮮活的情感畫面，而那齣被幾代人評講的，關於自由與愛情的現實劇，也彷彿隨著她的離開，終於散了場。

張幼儀是這齣戲中最早登臺的演員，最後離場的角色，但她似乎從不是戲臺上的主角。直到她謝幕的那一刻，也直到今天，她的名字仍然與「徐志摩元配夫人」的頭銜形影不離。不能怪世人忽視幼儀的光芒，只是與她同臺的徐志摩如同噴薄的朝陽般，太耀眼。生活在他周圍的人，難免陷入他製造的陰影中。其實，不單是張幼儀，哪一個與徐志摩有關的女人，在被人提及時不帶著一點兒徐志摩的味道？更何況是被徐志摩拿來爲「新思想」祭旗的張幼儀。

張幼儀最初上場的那一年是一九一五年。那一年，中國的飄搖和動盪與往年相比，或許並沒有不同。每個人都在歷史的航向上，朝著既定的方向前行。這一年，袁世凱正爲了他的千秋帝國夢，緊緊攥（ㄗㄨㄢˋ）著跟日本人簽訂的「二十一條」；陳獨秀在《青年雜誌》上豎起了人權與科學的旗幟；孫中山與宋慶齡剛剛在東京舉行完婚禮；蔣介石的肇和艦起義並沒有圓滿的結果……

國是大家的國，家是個人的家。帝制、人權、科學、革命，這一切似乎都與海寧硤（ㄒㄧㄚˊ）石徐家的婚禮無甚關聯。若一定要說有關，也不過是這場婚禮多少受了些時髦的西洋觀念的影響，脫離了中國傳統婚禮的形式，是一場「文明」的西式婚禮，沒有「拜堂」。

十六歲的張幼儀紗裙曳地，那份被熱鬧的人群與歡樂的儀式催發出的興奮、好奇與不安，化作紅暈爬上了她的臉龐。儘管她有好幾次忍不住想要打量身旁的丈夫，但婚禮的規矩與禮儀阻止了她的視線。年輕的新娘能做的，只是低順著眉目，安靜等待儀式的結束。

這場婚禮對於張幼儀來說，或許有點突然。在得知自己將要結婚的消息前不久，她才剛剛說服父母，送她去蘇州的女子師範學校上學。儘管幼儀深曉作爲女人，自己的前途並不在家人的期望中，因爲「女子無才便是德」是牢牢紮在父輩心裡的女德標竿，千百年了，沒有變過。但是，在她生命底質中，潛伏著一種特質，應和了洶湧灌進中國的西方新文化。這讓她鼓起了勇氣向父母提出上新式學校的要求。

在學校裡受到西方教育的張幼儀，聆聽了新的主張，但對婚姻的觀念，她順從了中國傳統女子的另一種特質，父母之命。不過，確切點說，幫幼儀挑選夫婿的是她的四哥張公權。幼儀還記得那天，她的四哥興沖沖地從外頭回來，告訴她，硤石商會會長徐申如的獨子徐志摩，一表人才，才氣不凡。論人，他配得上張家的女兒，論家世，海寧首富徐家也配得上張家的顯赫聲勢。張幼儀，這個聆聽了新思想的女性，此時聽從了舊言論，甚至沒有一點懷疑。

她的丈夫……張幼儀還是忍不住悄悄地將視線移向了身旁的徐志摩。與所有舊中國的婚姻一樣，她在婚前與這個男人並沒有交集。現在，她也只是看到一個清瘦的側影。她的丈夫有圓潤的額頭，鼻子很挺，俏俏地立著，薄的嘴唇抿出溫柔的線條。儘管她不瞭解他，但也並非一無所知。畢竟，徐家公子，硤石的神童，十三歲就寫得一手好文章，有誰沒聽過呢？現在，他已經是燕京大學的預科學生了。他的學問應當要比自己好的，他的思想自然也超在自己的前面。將來，他還要留洋去的。所以，這時的幼儀最擔心的，或許並不是丈夫的爲人與前程，四哥疼她，替她看中的人不會有錯。顯然，她現在最在意的，是她能否跟上這個聰明而新潮的丈夫。

正因如此，張幼儀的心裡對二哥張君勱（ㄇㄞˋ）的感激，在今天漲到了頂點。二哥在她三歲那年解開了家人裹在小幼儀腳上的厚厚白棉布，放開了她的小腳。所以今天，她有了一雙大腳。儘管這雙大腳曾被家裡的婆婆，姨媽，姐妹們很是嘲笑了一番，但大腳代表著「新式」呢！所以，今天的她站在這場西式的婚禮上，與西裝革履的丈夫，看上去才能如此般配。

張幼儀此刻慶幸她有一雙大腳，可她沒有想到的是，她這位思想解放的丈夫從一開始，就沒有將她的那雙大腳放在眼裡。就是到後來，也沒有。

徐志摩不時瞅瞅身旁的新娘，想起兩年前，父親遞給他一張姑娘的照片，說那是他未來的妻子。照片裡的張幼儀看不到特別的好，但也不難看。只是生得有些黑，嘴唇似乎也厚了一些。其實，幼儀長著一張典型中國少女的臉，圓潤而柔和，沉靜的眼裡刻著大家閨秀應有的大氣端莊。可徐志摩沒由來的一陣嫌惡。

他知道，這是父親精心的安排。徐家的生意，張家的聲望，門當戶對，天作之合。但他並不滿意這樣的安排，這與他在學堂裡學到的自由精神相距太遠。如果這樁婚事被安排在十年以後，徐志摩也許會高喊著：「我要追求愛的自由與婚姻的權利」，並拒絕父母送給她的新娘。但此刻的他，沒有。

也許是他的理想與追求還不夠堅韌，也許是父母的命令與張家顯赫的聲勢一起製成的牢籠太堅固，總之，那天他只是將自己的不滿，變成了下垂的嘴角，吐出了一句：「鄉下土包子。」他與所有中國包辦婚姻中的男人一樣，甚至沒有花時間去瞭解未來妻子，便用自己的妥協，將張幼儀日後的生命軌跡，扯進了自己的命運航道中。

這是一場西式的文明婚禮，卻脫胎於一場舊式的中國禮制。這或許是徐志摩在面對這次婚姻時最大的心結。這個結，不但捆住了他與妻子的情感交流，更捆住了他理想中的自由，捆住了他進化成新青年的通道。他覺得自己儘管穿上了西裝，卻與自己的靈府（即「心」）如此不搭調。新式的衣裝，與這骨子裡的舊，讓自己顯得這樣滑稽。

徐志摩與張幼儀一起向「舊」妥協了。在那樣一個新舊交錯的年代裡，徐志摩或許並沒有意識到，自己將要對抗的東西是何等深刻，或許他同樣沒有意識到，當他妥協的那一刻，他與「小腳」的女人並沒有質的差別。但徐志摩畢竟曾立志，要「衝破一切舊」。只是在他還沒有找到衝破的方式時，一切就在他毫無準備的思想裡發生了，而他靈魂的一部分彷彿還留在北京的錫拉胡同裡。那裡，住著蔣百里。

蔣百里是徐志摩姑丈的弟弟。他在早年留學日本期間，結識了當時因戊戌變法失敗而流亡海外的梁啓超，並拜梁啓超爲師。回國後，蔣百里時任保定陸軍軍官學校校長，袁世凱總統府一等參議。他的身體裡流淌著尙武的血液，懷抱著愛國的熱誠。更難得的是，學貫中西的蔣百里，在作爲一個軍事家的同時，在文學與史學方面也有極高造詣。他的《國魂篇》、《民族主義論》等長篇論文立論獨到，文辭流暢，頗有梁啓超之風，而他的書法也深具晉人氣韻。

徐志摩在一九一五年考上燕京大學預科班時就住在蔣百里家。平日裡，徐志摩與蔣百里談時事，聊文學，評歷史，講政治；他敬蔣百里，愛蔣百里，雖然蔣百里長徐志摩十四歲，可徐志摩與他甚是親近，無話不談；他是徐志摩口中最親的「福叔」。與蔣百里的交往，讓當時的徐志摩在思想上趨向政治。在一次閒談中，蔣百里曾對徐志摩說：「青年有了眞才實學才能展鴻鵠之志，救國救民。你何不與他們一起出洋去，學西洋之長爲己所用。」

這話正說到了徐志摩的心裡，此前，他已經有了留洋的想法。當初，他之所以報考了燕京大學的預科班而非本科，就是因爲當時的燕大預科班注重外語的應用，學成之後可以盡快地留洋；此番，加上蔣百里對他的影響，徐志摩更是覺得他在北京的求學生活充滿了奮鬥的熱情。他在錫拉胡同與學校圖書館兩頭跑，埋頭在西方新思想中，閒暇時與友人聊聊戲劇界的「菊選」，別人愛梅蘭芳，他獨愛楊小樓，興致到了還會跟朋友打打網球……

福叔勸他留洋時的神情還在眼前，楊小樓的腔調似乎都縈繞耳邊，燕京大學圖書館裡的墨香還都能聞見，怎麼一轉眼，自己就與這個不認識，不愛的女人站在一起了？做夢一樣。父親頻頻的電報是催命的符，那些「男大當婚」、「識大體」、「有利家業」的話是魔咒；祖母最疼自己，可她殷殷的期盼卻把她那份深厚的慈蔭變成了最重的包袱。於是一切就這樣發生了。其實徐志摩心裡清楚，與張家的聯姻，不過是他的父親在爲獨子規劃前程的棋盤中，落下的一顆棋而已。

父親徐申如是精明的商人，他的一生都在用精準的眼光打造生活中的一切。在他所有的實業中，有兩件事最値得驕傲：第一件，是他在一九〇八年聯合了海寧的紳商，克服了重重阻力，硬是讓擬建中的滬杭鐵路生生拐了個彎，穿過了硤石，成就了海寧硤石地方幾代人的福祉；第二件，便是兒子徐志摩。別的不說，單單是他爲了讓兒子的書法水準有所長進，便將當時的上海寓公，後來的「僞滿洲國總理大臣」，著名書法家鄭孝胥，聘做兒子的書法老師。這次，儘管兒子已經與張家小姐有了婚約，儘管他本應讓兒子盡早將張幼儀娶進門，但他仍然頂著張家人的反對，親自將兒子送上了北京最好的大學。可以說，這個精明的父親在兒子的培養上，同樣用上了他敏銳的經商頭腦。現在，父親覺得是讓兒子回來成親的時候了。

張家現在的名望不一般。看中自己兒子的張公權是當時的浙江都督府祕書，將來大有作爲；而他的兄長張君勱則是有名的法學家，與梁啓超過從甚密。徐申如再次以他精準的眼光，準確地預見了未來的張家兄弟在中國未來的政界與財經界中，呼風喚雨的地位。與這樣一個有錢權有名望有修養的上流社會家庭聯姻，徐申如沒有再拖延的道理。於是，給兒子拍幾封電報，對他進行幾次動情的說理，徐申如便爲他自己謀回了一個好兒媳。

這種境況下的徐志摩，掙扎在傳統與現代之間，他成了那個變革時期的精神縮影。或許很多東西可以在朝夕間改變，但也有許多東西無法輕言拋棄，比如孝道。這一點，即便是在他走出硤石，跳進那些歐洲思想家行列的那一天，也仍然無法割棄。

但他仍然得做些什麼。於是，一場熱鬧的婚禮之後，他選擇了冷漠。

一個人的婚姻

冷漠，是這場婚姻唯一的韻腳。它的第一個音節奏響在張幼儀死寂的新房裡。新婚之夜，洞房的花燭下，徐志摩一句話都沒有對幼儀說，幼儀也不知該用什麼，來打破她與這個陌生丈夫間的沉默。後來，徐志摩離開了，躲進了奶奶的房間。只是，他的行動力仍是敵不過長輩的希望。幾天後，徐志摩在傭人的簇擁下，踏進了新房。

兩年後，張幼儀懷孕了。關於這一點，浪漫的詩人有自己的解釋，他說：「愛的出發點不定是身體，但愛到了身體就到了頂點；厭惡的出發點，也不定是身體，但厭惡到了身體，也就到了頂點。」

徐志摩並沒有因爲肉體而將他對幼儀的愛推到頂點，相反，他對張幼儀的厭惡，卻因肉體達到了頂點。有一次，徐志摩在院子裡讀書，忽然覺得背癢，於是便喚傭人幫忙。一旁的張幼儀想，這樣的事情何必傭人動手，於是便湊近了替丈夫解癢。可是她沒有想到，徐志摩僅僅用一個眼神，便拒絕了她獻出的好意。那個眼神輕蔑、不屑、冰冷刺骨，多少年以後，張幼儀回想起來，仍然不寒而慄。

幼儀其實是個很好的太太，但凡認識她的人總是對她印象極佳。時人曾評價張幼儀：「其人線條甚美，雅愛淡妝，沉默寡言，舉止端莊，秀外慧中，親故多樂於親近之……」徐志摩的好友梁實秋也說：「她是極有風度的一位少婦，樸實而幹練，給人極好的印象。」幼儀也是個很好的兒媳婦。她在徐家克守著一個好兒媳的本分：她幫著公公徐申如操持龐大的家族生意，照顧婆婆，管理徐家的下人，家事人際操持得井井有條。爲了照顧公婆，她甚至放棄了繼續上學的機會。婚後的幼儀曾經寫信給蘇州女子師範學校，表達了繼續學習的願望。但校方提出，幼儀必須重新修業一年，修滿兩年課才能畢業。新媳婦要離開公婆兩年，這對幼儀來說實在難以接受。於是，她從外面的世界退回了硤石的老宅。幼儀的大腳並沒有帶她踏出自由的腳步。

幼儀是公婆眼中的好媳婦，甚至可能是許多人眼中的好妻子，但她卻不是徐志摩心中的好太太。在徐志摩眼裡，幼儀嫁過來以後很少笑過；她辦事主動，有主見、有主張，就像《紅樓夢》裡的薛寶釵。但徐志摩要的，是一個能與他的思想共鳴，與他的浪漫情調合拍的女人；他的妻子應該有思想、有個性，應該是個開放、新潮的新女性；但張幼儀只是寶山縣首富張家的小姐；她的偶像是《紅樓夢》裡的王熙鳳，她的人生在徐志摩的眼中，始終沾染著銅臭；她的角色在徐志摩看來，不過是糾纏於家業中，翹著雙腿對下人指手畫腳的管家婆。因此，張幼儀無論再怎樣溫順體貼，恭儉禮讓，她在徐志摩眼中，也不過是舊婚姻的傀儡，舊制度下的陳舊女性。這個妻子於徐志摩，不過是個「守舊」的代名詞，平庸而乏味地立在了浪漫與自由的對立面。他與她的思想，分明是站在時間的兩端，空間越近，心靈越遠。於是，一座舊式婚姻的圍城困住了兩個人。

可浪漫的詩人不會甘心被圍城關住，他在遲來的洞房之夜裡完成了傳宗接代的任務後，幾乎是立刻便離開了硤石，就近去了上海滬江大學繼續他的修業。

一九一六年秋天，他考入北洋大學法科特別班。第二年，由於北洋大學預科部併入北大，因此徐志摩再次北上，進京學習。只是這一年，他的福叔因爲袁世凱的復辟舉動，離開了北京。

福叔的離開，讓徐志摩失了一位可以傾談的對象，但這並沒有給徐志摩造成多大困擾，相反，他這一年輕輕鬆鬆便過完了。他家境殷實，沒有溫飽的煩擾；他爲人聰慧，選著自己愛學的課；他志向高遠，以留洋爲盼，精神亦有所寄託；更何況，他通過張幼儀的二哥張君勱，拜入梁啓超門下做了入室弟子，身價與前途都像閃光的金子一般耀眼明亮。海寧硤石保寧坊徐家老宅裡那座陰鬱的婚姻牢籠，都似乎被順心的生活陽光融化了。就在他拜師不久，一九一八年八月，徐志摩終於搭上了載他留洋的南京號去了美國，毅然地留下了老宅裡的張幼儀，依然寂寞。

丈夫離開了，張幼儀沒有回憶可守。兩年的婚姻生活中，她能想起來的僅僅是丈夫的冷眼與漠視。在丈夫出國留學的日子裡，留在硤石的張幼儀所擁有的最多東西，便是時間，但他的丈夫沒有給他年輕的妻子留下任何可供她打發寂寂年月的念想，除了他留給她的兒子徐積鍇。徐志摩去美國時，他的兒子剛剛滿四個月。可這個兒子也不過是徐志摩爲盡孝道不得不履行的婚姻責任。

「責任」二字在舊時的中國是大多數婚姻得以延續的支撐。如果徐志摩沒有出國，如果他日後沒有遇到那些「偶然投射在他波心的雲影」，他是否能依著這「責任」二字，成全了幼儀平淡的生活？我們不知道，但我們知道，「責任」二字卻牢牢地將幼儀鎖在了她與徐志摩有關的所有事情上，彷彿是前世欠下徐志摩的情債，今生用了她所有的時間一一償還，直到徐志摩死去。

很多年以後，張幼儀的房間裡仍掛著徐志摩的油畫，在她的臺桌玻璃下，壓著有關徐志摩的消息。戲臺上的演員來來去去，張幼儀始終站在一個屬於她的角落裡，固守著傳統女人對生命中第一個男人的執著，演著她的獨角戲。幼儀在這場戲裡，僅有一張與徐志摩的合照。那張照片裡，她戴著圓頂帽子，雖然沉靜但卻帶著難掩的靦腆，甚至有些不安地，在嘴角扯出一道看似笑容的曲線。她身旁的丈夫徐志摩臉上掛著淺淡的笑。這張照片攝於一九二一年，彼時兩人結婚已經有六年，但照片中的他們，身體語言顯得如此拘謹，像是一對不相熟的人被湊在一起……

一九二〇年冬，徐家老宅裡接到徐志摩的一封信。或許這是丈夫從海外寄回的信中，最熨帖（ㄊㄧㄝ）幼儀心靈的一封。信中說道：

「父母親大人膝下：

兒自離紐約以來，過二月矣！除與家中通電一次外，未嘗得一紙消息。兒不見大人親筆恐有年矣。兒海外留學，隻影孤身，孺慕之私，不俟罄述。大人愛兒豈不思有以慰兒耶？……從前鈖（ㄈㄣ）媳尚不時有短簡爲慰，比自發心遊歐以來，竟亦不復作書。兒實可憐，大人知否？即今鈖媳出來事，雖蒙大人慨諾，猶不知何日能來？張奚若言猶在耳，以彼血性，奈何以風波生怯，況冬渡重洋，又極安便哉。如此信到家時，猶未有解決，望大人更以兒意小助奚若，兒切盼其來，非徒爲兒媳計也……」

她的丈夫寫信來，要她去陪他了。

丈夫走了兩年，他每次寫信回來的開頭都是「父母親大人」，每次只到信的最後才提到自己，每一次信中對兒子的關照要比對自己的多上許多，可這一次，雖然信的開頭仍是「父母親大人」，但信紙上卻滿滿的，盡是要她出洋去陪他呢！

這封信似乎吹走了幼儀心頭那層從新婚當天起就布下的塵土。於是，她變得比往日輕快，心裡有了以往從不曾有過，甚至不敢有過的希望。在這以前，幼儀從來不敢問公婆她是不是能夠去陪丈夫，即使是丈夫來了這樣一封看起來殷殷迫切的信，她仍是不敢問。幸好，還是疼她的二哥張君勱勸服了公公。一九二〇年冬天，幼儀終於也踏上了渡洋的甲板。她要先到法國馬賽，再轉飛機到英國。

輪船整整在海上走了三個星期。這三個星期裡，幼儀把與丈夫相見的情境，把他們未來的生活翻來覆去地想了不知已有多少遍：志摩出國有兩年了，他一定有了變化，胖了？瘦了？他一定是想家的，想阿歡（徐積鍇的乳名），或許……也想我；他一定需要我，否則他怎麼會專門寫信要我去陪他？我要告訴他，我接到他的信後，下了決心要出來，就連阿歡我也放下了。他還小，但婆婆她們可以照顧；這海船真的不好坐，晃得人直暈……他讓我來陪他，他需要我，我們的日子可以重新開始了。或許，我在外頭可以和他一樣去上學？這樣，他會更喜歡我了，他喜歡有思想，開放一點的女人……幼儀靠著欄杆，一道黃昏的光影靜靜鋪展在甲板上。遠處的海平線上，出現了蜿蜒錯落的海岸線。

船靠岸的時候，幼儀隔著層層的人潮，一眼就看見了她的丈夫。他穿著一件瘦長的黑色毛大衣，脖子上圍了條白絲巾，站在人群中，那麼顯眼。丈夫很好認，並不是因為他的衣著多麼顯眼，只是因為他的神情於幼儀而言那樣熟悉，又與接船的人群那樣不一致。很多年以後，張幼儀回憶起那時她看到的徐志摩時說：「他是他們當中唯一露出極不願意到這裡來的神情的人。」

如果幼儀的心曾經輕快過，那麼此刻，它被狠狠地砸到地上，發出悶悶的一聲響。那些日日遙想的傾訴，那些憧憬與希冀，都隨著心的落地變得悄無聲息；如果那封信曾經讓她產生了不切實際的幻想，那麼如今，人群中的徐志摩，遠遠地，便用那種彷彿永遠不會變的冷漠表情，驚醒了她的夢。

沙士頓的「同居」生活

在英國倫敦郊區有個地方叫Sawston，徐志摩說，那裡是「沙士頓」。他還說，那裡有座小屋，是他與張幼儀同居的地方。「同居」，並不是用來形容夫妻共同生活的詞。像徐志摩這樣，將愛情視作宗教的人，在情感上始終也沒有承認過他與張幼儀的婚姻。

在他眼裡，那場婚姻徒有一個空洞的軀殼，張幼儀只是一個與自己同住在一個屋簷下，以合法的方式生活在一起的女人。當初在硤石老家，他就從未曾正眼瞧過張幼儀。他的視線也總是像掠過空氣那樣，掠過這個父母送來的妻子。但現在，他得把這個與他不搭調的女人接到身邊來，在這個異國郊區的小屋裡，日日面對面，怎麼想都不是滋味。

這個女人爲什麼就不能有些風情呢？在馬賽接她的時候，她竟還穿著土氣的旗袍，說什麼那是她精心挑選的。既然到外頭來，就得有點洋氣不是麼？這身旗袍太不入眼，與法國的氣質太不諧調。還是帶她去買了一身當下時髦的衣裳，圓頂帽，連身裙，黑絲襪，亮皮鞋。挺好，可你瞧她那個樣子，彆彆扭扭。鄉下土包子就是鄉下土包子，不知道新潮，不知道接受外面的好。

她連照個相，都拘謹成那樣。不就是靠近一些拍個合照？多正常，多簡單的動作。既然你把我當丈夫，親近一點又有什麼關係？你看法國大街上的情侶，哪個不是見了面，先來一個熱烈的擁抱。可她，還守著那份家教。傳統傳統，矜持壓抑，這樣的女人，死守在傳統裡，不知道要逃跑。

既然來了，就讓她見識見識外頭的風景和人事，所以帶她走了一圈。看艾菲爾鐵塔，看巴黎聖母院，看凡爾賽宮，看楓丹白露。這些景致很好，但她不懂這裡的歷史、故事與情調。也懶得與她細講，走馬觀花，匆匆看了一圈，還是早點轉飛機去英國的好。

直到很多年以後，徐志摩還記得那次乘機的經歷。他記得，張幼儀從一上飛機開始，就窘迫得拎不清。腿癢去抓，結果，那細膩的絲襪就因她的粗陋破了洞。那雙腳，在柔軟的皮革裡不安分地扭動。唉，鄉下土包子。她後來竟是要吐了，可她居然抓過了帽子，幸虧他還算機靈，換了紙袋……「你真是個鄉下土包子……」他終於沒有忍住，還是說出了奚落的話。結果，他話還沒說完呢，自己竟也吐了起來。後來，徐志摩回國當老師的時候，在一次課堂上跟學生們說起這次經歷，他對自己的這次出糗這樣解釋：「想來是因爲天氣惡劣……這一路吐著，從巴黎吐到了倫敦。」但他沒有告訴學生們，他因這次吐，而被那個他看不上的女人小小回擊了一記：「我看你也是個鄉下土包子。」那話音裡，分明有點報復的小小快意。

那次飛行，一路，無話。

飛機落了地。徐志摩站起來走向舷梯。機場來了兩個中國人，是接機的友人。他很開心，一掃飛機上的沉悶，臉上生動了起來，幾乎是衝下了舷梯。與來人擁抱，用的洋人的方式；他們的交談，也用洋人的話。張幼儀靜靜立在一邊，她無法參與，她沒有被介紹，她彷彿不存在。窘迫、無聊，那個男人爲什麼一直提他的褲子？另外那個人的臉爲什麼一直在抽搐？好不容易得了空檔，問丈夫：「這是你的朋友嗎？」可她只等來一個輕蔑的眼神。丈夫扔下她，轉身離開。她步步跟上，心想，那樣舉止沒分寸的朋友，也入不了她的眼。

看起來，丈夫還是那個在硤石的丈夫，但她可以變成更新潮的她。她沒有纏過腳，她也上過師範學校，如果能在英國好好讀幾年書，學識和修養都豐富起來的話，就一定能配得上他。張幼儀以爲自己總有一天可以跟上丈夫的腳步，可慢慢地，她就會發現，她被隔絕在丈夫的心門之外，就連敲門的機會也沒有；慢慢地，她還將發現，她的到來，竟無意間擋在了丈夫追愛的路上。而此時，她只是想不明白，既然不是思念，既然不是需要，丈夫那封盼著她早日出國的信，又要如何解釋？其實，這一切都是二哥張君勱的好心成全。

這還得從一九一八年說起。

一九一八年九月，徐志摩搭乘的南京號抵達了美國。父親送他出洋留學，希望他將來進金融界，他自己的最高野心，也是想做一個中國的Hamilton（美國開國元勛之一，哥倫比亞校友，是美國政治、經濟領域的領袖人物）。他在那裡進了克拉克大學歷史系，畢業後又到哥倫比亞大學入了政治學系。當時的徐志摩，規矩而勤奮。他每日「六時起身，七時朝會，晚唱國歌，十時半歸寢，日間學勤而外，運動跑步閱報」。這樣剔勵自重，也難怪他後來只用了半年的時間，便得到了哥倫比亞大學的碩士學位。

就在徐志摩留美期間，一九一九年四月，他收到了張君勱的來信。信中說，張君勱計畫到美國來，順帶還提到，希望徐志摩能將他的妻子張幼儀接到國外來一起生活。

彼時，第一次世界大戰剛剛結束不久，張君勱正與老師梁啓超在歐洲考察。這次考察讓他得到一次機緣——跟隨著名哲學家倭伊鏗學習，並留在德國。張君勱對他的這位妹夫本來懷有極深的信賴，他不僅是徐志摩的妻舅，還是「摯友」，他更是在徐志摩的求學路上做了一回引路人——是他親自把徐志摩引進梁啓超的門下。因此，他認爲他瞭解徐志摩，他認爲既然徐志摩如此嚮往西方，那麼他一定也希望自己的妻子一起到國外去，與他一起瞭解西方，學習西方的種種。

一切只是他認爲。可能，他的確很瞭解這個妹夫，但他唯有一件事沒有瞭解：他的妹夫在婚後沒多久，就對著妻子張幼儀說：「我要做中國第一個離婚的男人。」張君勱或許對徐志摩反傳統的「叛逆性」體察甚深，但他卻未能眞正瞭解，徐志摩血液中的叛逆因數，已然讓他不惜用最冷酷的方式，去對待他無辜的妻子。如果他知道他的好心成全，會間接劃出張幼儀生命中最深的一道疤，那麼或許，他會重新考慮讓妹妹到徐志摩身邊去的計畫。

但正因爲張君勱料不到，所以他在張幼儀出國一事上，傾注了最大的熱心。在張君勱留學德國約半年後，他有機會回了一趟家。時值一九一九年，國內爆發「五四」運動期間，張君勱因國家的革新潮流而感到興奮，但他在爲國事振奮的同時，竟還問起了妹妹的家事。也正是那一次，他得知徐志摩並沒有如他所認爲的，讓張幼儀出國團聚。

他敏銳的嗅覺嗅到了這對夫妻之間的不和諧，聞出了徐志摩可能會在國外「分心」。於是他堅定地對妹妹說：「你非出去不可。」接著，他在這邊，勸說了徐申如放兒媳出國，以「提醒徐志摩對家庭的責任」，畢竟年輕夫妻分開久了不好；在那邊，他頻頻與徐志摩通信聯絡，以責任與情感爲籌碼力勸他接妻子出國。就這樣，徐志摩寫了一封情辭懇切的信，將張幼儀拉了出來。

那時徐志摩爲了追隨羅素，已經到了英國倫敦。

張幼儀便這樣出國了。一切在她的意料之外，若不是哥哥讓她非得出去，若不是丈夫眞的有信來，若不是公婆首肯，她是絕不敢動這樣的念頭。無論如何，她出來了。現在，她跟丈夫住在那個叫沙士頓的倫敦郊區。但是，她在過洋的輪船上想到的新日子眞正展開時，全不是她想的樣子。很多年以後，張幼儀再次回到這裡，竟再也無法相信，當年的她眞的曾經這樣安排過自己的生活：

張幼儀在徐家是太太，在這裡卻變成了傭人。她每天坐著公共汽車去市場，再拖著食物回家，安排一日三餐，洗衣掃地。繁忙的家務占去了她全部的時間。她原來想學點英文，可是教課的家庭老師嫌路遠，竟然不來了；她原本以爲夫唱婦隨，跟著丈夫一起學點西方的文化，可是，每天幹的竟是這些。她什麼也沒有學成，知道的東西少到不可思議。她甚至不曉得客廳壁櫃裡那個奇怪的機器是吸塵器，所以一年多了，她一直用掃把打掃屋子。她還以爲離開了公婆，少了拘束，丈夫可以對她再親近一些，但少了拘束的只是丈夫。他在家裡來來去去，全憑興致，好像她不在似的。

幼儀白天很少看到徐志摩，他總是在學校，直到黃昏時分才會回來。徐志摩不在家的時候，幼儀一個人呆著，家務忙得她腳不著地；就算徐志摩在家，幼儀也還是一個人。他對她跟在家鄉的時候一樣，沉默、冷淡，哪怕是當天的飯菜不好，徐志摩也不發表任何意見。那樣的時刻很奇怪，丈夫在身邊，幼儀卻那麼寂寞。或許是徐志摩也覺得這樣的氣氛不妙，於是便找了一位叫郭虞裳的中國留學生來同住，爲的只是避免二人之間，空氣一樣無處不在的沉默。也只有那時開始，幼儀才有了一個可以陪著她買菜、聊天的人。

幼儀覺得，她的丈夫之所以還能每天回家吃飯，或許是因爲當時他們的經濟條件有些拮据，亦或許是因爲她燒的飯菜還算符合丈夫的胃口。但徐志摩即便待在家裡，也並不與幼儀交談，因此幼儀無法把她的任何想法告訴徐志摩。張幼儀出身名門，家裡有博學多聞的兄弟，她可以與兄弟們無話不談，但她只要在丈夫徐志摩面前開口，得到的回應永遠是：「你懂什麼」、「你能說什麼」。其實，幼儀並不是什麼都不懂。到倫敦不久後，她便很敏銳地覺察了徐志摩行動的不合理之處。徐志摩每天一大早便出門，即使當天不上學，他也是吃完早飯就出門。

這時候，徐志摩難得熱心，會告訴他的妻子一聲，他要去理髮店。

每次理髮都要去理髮店麼？丈夫完全可以在家裡，讓她幫忙理髮。更何況，他們每月都得等著徐申如寄錢來花，因此，更是當省則省。徐志摩的舉動令幼儀不解，但她最終還是猜到了，這與他的女朋友有關。

張幼儀與徐志摩的婚姻一直這樣空洞乏味地進行著，徐志摩的心從來未曾停留在幼儀身上。現在，他的心更是飛了，飛到書本上，飛到文學上，飛到他一直藏著的，那個女朋友的身上去了。

志摩的遺棄

她的女朋友，名叫林徽音。《詩經·大雅·思齊》裡唱：「思齊大任，父王之母。思媚周薑，京室之婦。大姒嗣徽音，則百斯男。」那個美麗的名字，就從這裡來，很久以後，她才把自己的名字改成了「徽因」，據說是爲了與當時一位有名的男性作家「徽音」區別。

林徽因與徐志摩走得很近，雖然後來她否認了自己對徐志摩的愛情，說那只是對徐志摩才情的單純傾慕。但在幼儀看來，她與徐志摩之間的交往，顯然已經是戀人才有的舉動；她更是認爲，林徽因當年給了徐志摩一個愛的承諾。

不管幼儀對林徽因的猜測是不是事實，但至少徐志摩對林徽因的確動了感情。他深深地陷入了戀愛，愛上了那個十六歲未經人世的清純少女。

戀愛中的人總是陷入不可救藥的無理性之中，因爲他們只看得見自己想看見的東西，徐志摩也是這樣。當他中了名爲「林徽因」的毒時，便只看到林徽因對自己的傾慕，卻看不到一個情竇初開的少女，在第一次面對男性追求時的懵懂與迷惑，所以他的愛因她的傾慕而更加熱烈；他中的毒，令他只能看到自己的妻子，在這場關乎理想的愛情中變成了他的死穴，卻看不到林徽因由於早年的家庭陰影，再也無法接受任何形式的家庭裂痕。於是，一個在他心中蟄伏許久的想法，終於在沐浴了「自由之愛」的陽光後，破土而出。

「做中國第一個離婚的男人」，現在，他要實現這個想法，當然，這是爲了理想。當然，這也爲了林徽因。他現在要做的，只是找一個時機告訴張幼儀。可偏偏在這個時候，張幼儀懷孕了。

「把孩子打掉。」幾乎是立刻，徐志摩在聽到幼儀懷孕後，便做出了這樣的指示。

幼儀看著丈夫一臉的不耐，彷彿全身的力氣都被抽走，腦袋空茫茫的一片。她想過丈夫在聽到她懷孕時可能有的反應，比如他可能會有點高興，他可能會和她一樣不安，他會送她到其他地方養小孩，他可能會讓她回硤石，但她絕沒有料到是這種反應，就如同她當初沒有料到丈夫根本不希望她來倫敦一樣。她永遠不懂他。她不知道她的丈夫為什麼會做出如此狠心的決定。她對他一直很忠誠，他們的生活也沒有到養不活孩子的程度，為什麼要打胎？打胎可是會死人的。

「我聽說，有人打胎……結果死了……」幼儀心裡發涼。

徐志摩現在對張幼儀很沒有耐心：「還有人因為火車出了事故死掉的，難道大家就都不坐火車了嗎？」他說完，轉過臉去不再看幼儀。

我們的確無法想像，怎樣冷酷的靈魂才會將坐火車，與殺死母親腹中孕育的生命聯繫在一起；但我們現在完全瞭解，如今的徐志摩，爲了他的「理想」，已經陷入何等的非理性之中。不過，徐志摩在離婚這件事上，卻仍保持著必要的清醒。現在，什麼都無法阻止他。就在得知幼儀懷孕後不久，徐志摩毫不猶豫地向幼儀提出了離婚。他給的理由是：「小腳與西服不搭調。」

「小腳與西服不搭調」這句話，其實是從幼儀嘴裡說出來的。

那天，徐志摩請了當時在愛丁堡大學留學的袁昌英來家裡吃晚飯。幼儀以爲她就是丈夫的女朋友。晚年的幼儀已經記不得這位客人的名字，她「唯一眞正記得的一件事，是她的外表」。那位小姐，短髮，擦著暗紅色的口紅，穿著一套毛料海軍裙裝，時髦的外表。可是，擠在她鞋裡的，卻是一雙小腳！

是的，這位新式女子裹了小腳，幼儀差點放聲大笑。眞是諷刺，就是這樣一個女人吸引了丈夫？她難道不應該更新式一些嗎？我是鄉下土包子，那他帶回來的這個女人，那雙小腳，會比我的大腳更先進不成？她受過新式教育，會流利的英文，可我年輕的時候一樣讀過書，如果你當時鼓勵我上學，讓我好好學英文，我能學到的東西肯定不比你帶回來的這個女人少！但，丈夫要納妾，做妻子的沒什麼可說的，接受便是。在嫁到徐家以前，母親便教過，在丈夫家裡，女人的答案永遠只有一個字：「是！」是了是了，你滿意了，你娶便是。

晚餐後，徐志摩把客人送走，回來後便問幼儀對剛剛這位客人的看法。於是幼儀說：「她挺好。只是，那雙小腳與西服不搭調。」

小腳與西服不搭調。這八個字，每一個都敲在徐志摩心裡。這樁婚姻長久以來在他心裡淤積的煩躁與挫折在這八個字的振動下，呼地一下從他壓抑的心裡猛地直沖向腦門。他提高了聲調，用從來沒有過的尖利嗓音衝著幼儀大聲地叫道：「我就知道，所以我才想離婚。」

那層籠罩在這場婚姻上的霧，終於在徐志摩這聲宣誓般的尖叫中散去。一個長久以來被隱藏的事實，也終於露出了尖銳的輪廓。

幼儀想不通，她從來不懂他。現在，她更是拿不準徐志摩的脾氣。那天晚上之後，他們再沒有說過話。幾天後，徐志摩連早飯都沒有碰，便出門了，從此以後，再也沒有回來。幾天後，同住的郭虞裳提著皮箱也走了，屋子裡只剩下無依無靠的幼儀，和她肚子裡的孩子。幼儀不知道自己可以去哪裡，她不知道自己可以做些什麼。就算只做一日夫妻也有百日恩情，更何況幼儀已經爲他生了一個兒子，現在還懷著另一個，但徐志摩就這樣一走了之，直到幼儀離開，都不曾出現。他沒有給在倫敦舉目無親的幼儀安排生活的去路，只是將她放在那裡，一直以來就那樣放著，不聞不問。

無奈，幼儀給當時在巴黎的二哥張君勱寫了封信，說徐志摩要和她離婚，說她懷孕了。她問二哥，她要怎麼辦。張君勱回信了，信的第一句是：「張家失徐志摩之痛，如喪考妣。」然後，他才說，幼儀你到巴黎來，腹中的孩子千萬留住，二哥收養。於是，幼儀走了，離開了沙士頓的房子。身後的門輕輕關上，隔開了她生命中一段，最不忍回顧的舊生活。

離婚，笑解煩惱結

張幼儀再次見到徐志摩是在轉年（即第二年）三月的柏林。一個星期以前，她剛剛生下了她與徐志摩的第二個兒子徐德生。在這個三月，幼儀迎接了一個新生命，也與一段舊式婚姻訣別。一九二二年三月，由吳經熊、金嶽霖等人作證，徐志摩與張幼儀在柏林簽署離婚協定。徐志摩成爲中國西式文明離婚第一人。

離婚，這在當時是個革命性的舉動。在這些以革新，甚至以革命爲口號的熱血青年眼中，包辦婚姻簡直是對人權的壓迫。它扭曲了人類的自由情感，褻瀆了神聖的愛情。正如徐志摩所說：「無愛之婚姻無可忍」，所以，「眞生命必自奮鬥自求得來，眞幸福亦必自奮鬥自求得來，眞戀愛亦必自奮鬥自求得來！」但是，「追求自由愛情」這幾個字，還遠遠無法承擔徐志摩式的青年對「進步」的希望。

徐志摩嫌惡的是守舊的一切，與一切傳統下的腐舊。要反對舊，可舊是什麼？舊抽象得很，你必得找個形影，舊詩、八股文、舊婚姻……很不幸，那椿父母精心挑選並打造的婚姻，正正撞到了徐志摩噴湧出的新思想的岩漿上；很不幸，何其無辜的幼儀成了那守舊的形影。

所以，徐志摩離成了婚，便是一場勝利。他登報發了個啓示，還送給幼儀一首詩，叫《笑解煩惱結》。他在詩裡對幼儀說：「……畢竟解散，煩惱難結，煩惱苦結。來，如今放開容顏喜笑，握手相勞；此去清風白日，自由道風景好。聽身後一片聲歡，爭道解散了結兒，消除了煩惱！」

所以，當這婚離成了，煩惱結解了，「舊」的陰影散了；所以，當幼儀在離婚檔上簽下了自己的名字時，徐志摩會對她連聲道謝，謝她幫助他對舊傳統進行了一次猛烈而成功的打擊；所以，在幼儀與徐志摩離婚後的很多年裡，她與徐志摩的關係反而近了。他們會經常通信，與對方談未來的打算與生活的瑣事。徐志摩甚至還向人誇獎幼儀，說她是個很有志氣的女子。他開始覺得這個女人可以穩穩地獨立，會覺得她的「思想確有通道」，會覺得她什麼都不怕，甚至覺得她有可能「丟幾個炸彈，驚驚中國鼠膽的社會」；所以，那段舊式的婚姻是徐志摩心頭的結，阻礙了他看到張幼儀身上已經擁有的，和可能擁有的好。

離婚，在當時多少還帶有點戲謔的味道。據趙元任的妻子楊步偉說：「那時還有一個風行的事，就是大家鼓勵離婚，幾個人無事幹幫這個離婚，幫那個離婚，首當其衝的是陳翰笙和他太太顧淑型及徐志摩和他太太張幼儀，張其時還正有身孕呢！」只要是舊式婚姻，就不管不顧地鼓勵人家「解煩惱結」，這是不是也是那個時代的新潮文人，與時代一起生的病？當徐志摩要與成全了他自由大義的張幼儀握手相勞，歡慶解散煩惱結的時候，他覺得：我解放了自己，也是解放了你。但不知他有沒有為這個被他犧牲的女人考慮過出路，考慮過公平。

推翻自己的包辦婚姻，似乎是那個時代接受過西方進步思想的文人，在反對所謂的腐朽傳統時，運用的共同武器，無論這些人的性格或是主張有怎樣的差別。也許，這是新思潮在碰到舊體制時，本能豎起的倒刺，亦或許，這是一個新潮文人在被拉入一場舊婚姻時，僅有的可供選擇的反抗方式。但無論如何，在這場新與舊的較量中，女性永遠是角力的被動方。

無論是革命還是遊戲，徐志摩離婚的舉動在張幼儀眼中，不過是為了追他的新女朋友。多少年過去了，幼儀仍堅定地認為，如果沒有新女朋友，徐志摩不會那樣急著要離婚。什麼理想與勇氣，那不過是徐志摩為了追到她的女朋友而找的藉口。這樣的行為稱不上壯舉，如果他只是單純地依著自己的意思，因這場婚姻裡沒有「愛」才離婚，那才是壯舉。幼儀的想法不無道理，卻也並不能說與「自由勇氣」完全無關。只是，當這一切被時代的鏡頭定格住時，「徐志摩爲林徽因而離婚」便自然地被虛化，而「自由與勇氣」的輪廓，則顯得異常清晰。

與徐志摩離婚後的張幼儀，開始了自己的生活。她在張君勱的幫助下，入德國裴斯塔洛齊學院攻讀幼稚教育，歸國後在東吳大學教德語。再後來，她在四哥張公權的支持下出任上海女子商業銀行副總裁，成爲中國第一個女銀行家。與此同時，幼儀還集資在上海靜安寺路開辦「雲裳服裝公司」，任總經理。一九三四年，她在二哥張君勱主持成立的國家社會黨內任財務。作爲女人，她的風光，一時無兩。

但對幼儀來說，最值得安慰的可能是她在徐家的地位不但沒有因離婚而喪失，反而更加穩固。徐申如認了她做乾女兒，這使她在實際上，即便不是徐志摩的妻子，卻還是徐申如的兒媳婦。她仍幫著徐申如料理徐家大大小小的生意，參與徐家大大小小的事務，甚至連後來徐志摩再婚，徐申如都不忘記她的意見。張幼儀海寧硤石徐家少奶奶的地位，不可動搖。

或許有人會說，正是徐志摩的遺棄，才使得張幼儀成長。但毋寧說，是張幼儀自身潛藏的特質，讓她在被遺棄的日子裡，走向了獨立。那種特質，在她少年時將她帶進了學堂，但卻在她結婚後寂寂沉睡。於是她堅定地守著傳統，或爲侍奉公婆而放棄學業，或夫唱婦隨做個無怨言的家庭主婦。因此，即使她走出了國門，卻沒有走出傳統爲女性劃定的圈。而當她被自己信賴的傳統遺棄後，她潛藏的特質及時地蘇醒。正因如此，她才有可能理解徐志摩的思想，認同他的做法，從而接受徐志摩離婚的主張。但更重要的是，她再一次地，因這種特質的蘇醒而走上了新式女性的路。中國第一場西式的文明離婚中，不但有徐志摩的勇氣，也有張幼儀的勇氣。

至此，與張幼儀有關的劇情，緩緩落下了帷幕。她幸運地在這座舞臺上，有了能讓自己獨自站立的角落。她在徐志摩給她的一時痛苦中，找到了通向一世幸福的路。現在，她所要做的，便是在屬於自己的那方戲臺上，靜靜演好自己的故事。而另一邊，徐志摩的人生戲劇，才剛剛進入主題。

2 康橋別戀

當愛遇到林徽因

有人說，愛一座城市，實際上愛的是這個城市裡的某一個人。所以，在愛上城市以前，請先在這裡談一場戀愛。這樣，你才能把心留給這座城市，而如果你的愛人沒有離開這裡，那麼，你的心就永遠無法從這座城市離開。

徐志摩說，康橋是他的愛。康橋令他覺得幸福，幸福得他從未忘記，以至於多少年後，當他重新回到這裡，仍舊向它傾彈了深情的夜曲。這樣的情感，或許正是因爲他愛上了這裡的林徽因。

感情很玄妙，有的人日日在你眼前，你卻對他視而不見；可有的人，只一眼，便是一世的記掛。徐志摩從來沒有想到，他爲了追隨羅素，從美國追到倫敦。羅素沒有見著，卻認識了讓他一眼便記掛了一世的林徽因。

那天，徐志摩聽說國際聯盟同志會理事林長民先生將在倫敦國際聯盟協會上發表演說。這位人稱「書生逸士」的林長民，在當時提倡憲政、推進民主、熱心公益；他與徐志摩的老師梁啓超是政治上的知己，生活中的摯友。徐志摩早就仰慕這位前輩的人格魅力，這次聽說他來倫敦演講，便拉了同在倫敦的陳西瀅與章士釗一同去看。這一看，兩人便成了忘年交。林長民很喜歡這位年輕的朋友，一見面便引爲知己。此後，徐志摩便常到林長民的家裡喝茶、聊天、說點政治、談點詩藝。也正是這時，徐志摩認識了林長民的女兒——林徽因。

林徽因，系出名門，蕙質蘭心。這年她十六歲，跟著父親到歐洲。依著父親的意思，她到這兒來，爲的是增長見識；同時領悟父親林長民的胸懷與抱負，開闊眼界，養成將來改良社會的見解與能力。這樣的抱負，在徐志摩初見她時，想來也洞察不到。徐志摩在林長民家裡見到的，只是一個十六歲的少女。她十六歲的面容，沒有風霜與世俗塵埃，秀麗純淨；但她十六歲的眼中，已有聰慧的光在閃；十六歲，少女一身白衣，彷彿剛從煙雨朦朧的南國小巷裡走出，帶著一身水漾的詩意與一身清麗，優雅而靈動，如一件精美的瓷器。這樣的女子，讓徐志摩一眼，便是一世。

那是一個關乎理想的時代，甚至連愛情都與理想有關。偏偏，徐志摩是個浪漫的理想主義者，所以很多人都說，徐志摩對林徽因熱烈的愛只是一種理想。在他眼中，林徽因是新女性。她自小便受過新式教育；她十六歲便跟著父親遊歷歐洲，眼界開闊；她會流利的英文；她結交眾多外國名士……不必說，這樣的女人與張幼儀相比，一個天上，一個地下。所以，徐志摩戀愛了，第一次，以自由的名義，從他的靈魂深處，愛上了這個從自己的理想中走出來的女子。縱使他愛的，眞的只是那個被自己理想化了的林徽因又如何？他生來便是爲了理想而前行。

於是，徐志摩愈加頻繁地出現在林長民的寓所。或許就連他自己都未曾覺察，究竟從何時開始，他的初衷從找林長民，變成了找林徽因。

徐志摩叫這個靈氣逼人的女孩「徽徽」。有了徽徽的生活一下變得豐富起來。他可以與徽徽談詩、談藝術、談書法、看戲劇、跳舞；他所有的情感可以向徽徽傾訴；他的理想與追求可以被徽徽理解；他每一次的激情迸發，都能得到回應……

浪漫的徐志摩開始了對林徽因的熱烈追求。他想用自己的熱烈換他的徽徽許他一個未來。可一九二〇年十二月，林徽因的父親林長民給他去了一封信，信上說：「足下用情之烈令人感悚，徽亦惶恐不知何以爲答，並無絲毫mockery（嘲笑），想足下誤解了……徽言附候。」看來，徐志摩的熱烈著實嚇著了林徽因。本來，他們認識不過月餘，況且林徽因第一眼見到徐志摩時，差點管這個愛慕她的男人叫「叔叔」。這也難怪，那時的徐志摩已爲人夫，已爲人父，而林徽因無論如何新式，卻終歸是個十六歲的女中學生。或許，這小小的誤會正折射出一個事實：林徽因初識徐志摩時，對他更多地懷著尊敬與仰慕。

此時的林徽因，面對徐志摩的追求有「惶恐」，有羞澀。她或許並不知道應該如何回應徐志摩的追求，但她的心裡，也定然藏著喜悅——那樣一個才華橫溢、浪漫而多情的男人出現在自己的生命中，哪一個少女能不心動。所以，當時間前行，最初的惶恐與羞澀褪去後，他們的交往愈加親密起來，特別是在林長民到瑞士開國聯大會以後。

那是一九二一年六月，徐志摩經狄更斯介紹，成爲劍橋大學王家學院的特別生。幼儀此時已經到了倫敦，與徐志摩一同住在了沙士頓。不久，幼儀便發現她的丈夫頻繁地往理髮店跑。儘管幼儀明白這與一個女人有關，但她卻未必知曉其中的細節。其實，徐志摩每天一大早出門，爲的是趕到理髮店對街的雜貨鋪——他用那裡當做收信地址，收林徽因從倫敦的來信。

倫敦那邊，林徽因由於父親到瑞士開國聯大會，而過著「悶到實在不能不哭」的日子。用林徽因自己的話說，當時的她總希望生活中能發生點兒浪漫，而所有浪漫之中，最要緊的是，要有個人來愛她。但她面對的，卻是倫敦除了下雨還是下雨的天氣，沒有一個浪漫聰明的人同她一起玩。這時，沙士頓的來信，無疑是爲倫敦下雨的陰沉天空裡注入了一點浪漫的陽光。而她從倫敦寄出的信，也彷彿是一陣奇異的風吹過徐志摩的心頭，他的「性靈」也似乎一下子從懵懂與彷徨中看到了光亮。於是，康河柔蕩的水波旁，誕生了中國近代史上最浪漫多情的詩人。

寂寞少女的心頭有了浪漫的詩人，浪漫詩人的靈魂有了伴侶。可是一切就像電影突然中斷了放映，幾個月後，詩人的靈魂伴侶卻拋下他回國，沒有給徐志摩留下任何解釋。

徐志摩的愛，像不斷跳盪著向前的小溪，歡快熱烈，無遮無掩，這正像他；而林徽因的感情卻像倫敦永恆的輕霧，輕輕暈出迷濛的曖昧，這也像她。今天，我們將這段感情從記憶的舊書箱中翻出，也只能看著點模糊的光影。我們用想像描摹著光影，再無法還原當年的影像。但無論如何，「林徽因」三個字，如康橋上升起的輕霧永遠繚繞著徐志摩，從來未曾從徐志摩的生命中消散去。

康橋的名士們

在著名漢學家魏雷（Arthur Waley）眼中，徐志摩在英國的經歷是一場充滿了東方色彩的尋師問道。徐志摩懷著頂禮朝聖的心情來跟從羅素，爲此他甚至連哥倫比亞大學的博士學位都不珍惜，漂洋過海到了英國。可羅素那時已經離開劍橋大學，無奈之下，徐志摩進了倫敦政治經濟學院。後來，他轉到了康橋。

在康橋，他進行了一場心靈革命。他先是下定了決心與幼儀離婚，這決心一下，靈魂便得到了釋放。而他生活中的憂鬱，似乎也在幼儀離開沙士頓後被帶走。於是，那一年，離了婚後的徐志摩開始了眞正的康橋生活，他眼中的一切都變得韻致非常。

他每天在清晨富麗的溫柔中騎著單車上學，又伴著黃昏返家；當黃昏的晚鐘撼動時，他會放眼一片無遮攔的田野中，或斜倚在軟草裡，等待天邊第一顆出現的星；有時，他也會站在王家學院橋邊的榆（一種喬木）蔭下，眺望嫵媚的校友居，瞻仰豔麗薔薇映襯下聖克萊亞學院裡玲瓏的方庭；而康河兩岸協調勻稱的學院建築，是他永遠看不厭的風景；他也曾在河邊的一處果園裡喝茶休憩，等著成熟的果子跳入他的茶中，看著跳躍的小雀落到他的桌上覓食。

也許，他最喜歡的是單獨一人到康河那兒去，在這份「單獨」裡尋味著康河，就像尋味著一位摯友。河流夢一般淌過翠微的草坪，懷抱住了這裡所有的靈性。徐志摩就像當年的拜倫，徘徊於河邊久久不去。這是他嚮往的自然，是他愛的「美」。當年康河的水撫慰了拜倫的心，而今它激盪了另一個人的性靈，如一帖「靈魂的補劑」注入了徐志摩天性敏感而多情的心裡。

但是，徐志摩的心靈革命歷程中，不僅僅只有柔麗風光與閒適的生活，如果僅是這樣，那便稱不上「革命」。康橋生活之所以能讓他脫胎換骨般重生，與他在那裡結識的人有關。

還是先從他剛到倫敦時說起。

徐志摩剛到倫敦時，很快便與一衆中國旅英學者、留學生們打得火熱。林長民、章士釗、陳西瀅等人，都是在他就讀倫敦政治經濟學院期間結識的。後來，藉著陳西瀅的關係，徐志摩認識了著名作家威爾斯（H.G.Wells），又通過威爾斯認識了魏雷。威爾斯與魏雷都是英國鼎鼎有名的作家、學者，他們對徐志摩的印象極好，威爾斯甚至認為，和徐志摩的會見是他一生中最激動人心的事情之一。這句話，對一個默默無聞的青年學生而言，已是極高的讚譽。

與傾心仰慕的名士相交，還能得到如此榮耀，羨煞多少旁人，可徐志摩卻實覺得「悶」。但如果你能瞭解，此時的徐志摩已經沖淡了留學之初的野心——做中國的Hamilton，那就能理解他的「悶」所謂何來。

在美國時，徐志摩也是鍾情於政治的人。他在哥倫比亞大學念的是政治學系，也算是政治學科班出身的人。無怪乎當年的他會自動自發加入中國留美學生的愛國組織「國防會」；也難怪他會寫文章，討論社會主義；當五四愛國運動的熱潮從中國越洋襲來時，他熱情高漲。多少年後，吳宓還清楚地記得，那時的徐志摩又是要打電話到巴黎阻止中國和會代表簽字；又是要在美國報紙上登文章，還要參與中國留美學生會，討論彈劾某人……忙得十分起勁。就連他自己也說，那時他對詩的興味遠不如對於相對論或民約論的興味。

就是這樣一個曾經被稱爲「中國鮑雪微克」的政治青年，到了英國，結識了衆多英國名士後，對文學的興趣日長。於是，美國的日子在他眼裡變成了一筆糊塗賬。倫敦政治經濟學院裡那些枯燥的政治學課程與古板的教授，也自然變得煩悶無趣。正當徐志摩開始揣摩，如何換條路走時，他遇到了狄更斯。狄更斯看出了徐志摩的煩惱，便介紹他進劍橋大學，做了「特別生」。

進了劍橋，徐志摩的交際愈加廣泛。這位風度翩翩的儒雅中國士子，時常身著長衫與師友們高談闊論。瑞恰慈（I.A.Richards）、歐格敦（C.K.Ogden）、吳雅各（James Wood）這樣的先鋒學者，都是他樂於交往的對象。在這些人中，歐格敦是邪學會（The Heretics' Club）的創立者。這個學會主要研究詩歌創作與翻譯，由於他們總是發表一些與傳統思想相異的，所謂「異端邪說」，故而自稱「邪學會」。徐志摩參與其中，與人積極地討論中國詩學，成爲了團體中的活躍份子。

除了青年學者外，徐志摩的劍橋歲月還與作家嘉本特（Edward Carpenter）、曼殊斐爾（Katharine Mansfield）、美術家傅來義（Roger Fry）的名字連在一起。徐志摩跟他們說唐詩，也跟他們說中國詩翻譯，他的深厚的文學素養，加上流利的英文，令他在這些文人雅士中，如魚入深潭，悠閒自在。當其他中國留學生抱怨難以融入歐洲生活時，徐志摩似乎是一下子就從中國士子儒雅生活的主流跳進了歐洲的詩人、藝術家和思想家的行列。這些歐洲文人、學者們通過徐志摩，第一次真正清晰地看見「文學藝術這些事物在現代中國有教養的人士中的地位」（魏雷（Arthur Waley）著，梁錫華譯《欠中國的一筆債》）。而徐志摩也在他們的影響下，眞正將自己的興趣指向了文學。

浪漫主義與理想主義已經在徐志摩的心裡紮下了根。他開始奉拜倫爲偶像，總愛把自己視作拜倫式的英雄。儘管在魏雷看來，徐志摩缺乏拜倫式的憤世嫉俗，但他的確在日後的生活中，彰顯了拜倫式的我行我素與倔強叛逆。

或許，徐志摩從來沒有想過他會在康橋遇到一場心靈革命。他查過家譜，祖上無論哪一代，都不曾有人寫出過哪怕一行可供人誦讀的詩句，但現在他開了家族先河，成了詩人。這一切都起源於康橋，而來康橋則全爲了羅素。

作爲蜚聲國際的哲學家，羅素也一向熱衷於討論政治，並積極參與各種政治活動。第一次世界大戰期間，羅素就積極從事各種反戰活動。他先是進行了一系列和平演講，接著又撰寫反戰傳單，爲此羅素被罰了一○○英鎊。他不服，拒不付罰金，於是政府變賣了他在劍橋大學的藏書。他不怕，繼續發表反戰文章，最後終於被逮捕。正是帶著對人類命運的深切同情，羅素對抗著政府和社會輿論的壓力，捍衛眞理，絕不屈節。這一切，落進當時還在美國當「中國鮑雪微克」的徐志摩眼中，引得這位青年學生對他的人格無比景仰。

所以，徐志摩開始閱讀羅素的書，這下更是讓徐志摩領教了羅素的淵博學識。一九二〇年十月羅素訪華。這期間，他發表了多次演說，其觀點震動了當時中國的知識界。這種震動，隨著報紙，波及了大洋彼岸的徐志摩。終於，徐志摩毅然放棄了哥倫比亞大學的博士頭銜，乘船到了英國，想跟羅素這位二十世紀的伏爾泰，認眞念一點書去。

可直到徐志摩到了倫敦以後才知道，羅素竟然會因其在第一次大戰期間的和平主張，被劍橋三一學院除名。這多少令徐志摩覺得失落。無奈之下，他只得進了倫敦政治經濟學院，跟著拉斯基教授繼續學他原來的政治學。第一次尋訪，他與羅素失之交臂。

直到徐志摩進了劍橋大學，才終於又有了機會。一九二一年九月，羅素回到英國，與他的第二任妻子住在倫敦，靠賣文章過日子。十月，徐志摩從歐格敦那裡打聽到羅素的地址後，便找機會拜訪了這位神往已久的二十世紀的伏爾泰。

從此以後，他開始了與羅素密切的往來。羅素時常會從倫敦到歐格敦的邪學會中演講，徐志摩便經常有機會得以瞻仰這位精神導師的風采，聆聽嘉言。他沐浴了羅素思想的光輝——平等、和平、捍衛自由、渴望愛、追求眞理以及對人類苦難的深切同情。徐志摩對羅素這位精神導師的崇拜，眞正到了恨不得頂禮膜拜的程度。他曾這樣讚頌羅素，說他「是現代最瑩澈的一塊理智結晶。而離了他的名學數理，又是一團火熱的情感；再加之抗世無畏、道德的勇敢，實在是一個可做榜樣的偉大人格，古今所罕見。」而羅素同樣也對徐志摩高水準的文化修養，讚嘆不已。

雖然，羅素在徐志摩新詩創作道路上，並沒有產生直接的推力，也很難說浪漫的徐志摩對羅素嚴謹的哲學體系有多深刻的理解，但羅素的個性氣質與思想的確太合徐志摩的胃口。漸漸地，徐志摩身上折射出羅素式的氣質特徵，變得愈發清高起來。最明顯的，或許便是關於婚姻與愛情的態度，那簡直就是羅素的投影。

羅素一生有過四次婚姻。第一次，貴族出身的羅素戀上了愛麗絲。但由於這位姑娘的平民身分，他們的愛情遭到了羅素家庭的反對。但年輕的羅素克服重重阻力，哪怕沒有一個家人願意參加他的婚禮，他仍然與愛麗絲舉行了婚禮。然而在婚後，羅素的愛情卻不僅僅屬於愛麗絲一個人。奧托萊恩．莫雷爾夫人、康斯坦斯．馬勒森夫人以及名演員科利特．奧尼爾都曾經得到過羅素的愛情。當然，羅素與愛麗絲終於分居。羅素的第二次婚姻則發生在十年後，一九二一年九月，也正是徐志摩在劍橋遊學期間。十四年後，一九三五年，羅素與第二任妻子離婚，然後他挽著他的祕書貝蒂第三次走進了婚禮的殿堂；然而到了一九五二年底，已然八十歲的羅素再一次離婚，隨後便與英國傳記作家埃迪斯．芬琪一起打造了他的第四次婚姻。當然，也是最後一次。

羅素的婚姻正應了他對自己的評價：對愛情的渴望是支配他生命的三大激情之一。嚴謹的哲學家如此，浪漫的詩人又怎會讓心中的愛情溜走？徐志摩一生的熱烈最直白的體現，便是他對自由愛情的執著。甘冒天下之大不韙，與幼儀離了婚，是羅素式的叛逆。而他接下來要實現的愛情理想，比之羅素，有過之而無不及。

「我要回國找她」

劍橋大學校友居頂樓的走廊十分寬敞、靜謐，帶著幾分安詳。從走廊的窗戶向外望去，可以看見康河對岸的草場。那裡有十數匹黃牛與白馬，正悠閒地嚼草。一陣風吹過，帶著幾聲細碎的鳥語飄進視窗，成了這裡唯一的聲響。徐志摩獨自一人坐在狄更斯的房門口，已經有幾個鐘頭。

徐志摩十分喜歡狄更斯，很喜歡到他這裡來。徐志摩終其一生，都對這位慈藹的老人敬愛有加。如果不是他，自己恐怕進不了劍橋，無法在這裡體驗快樂的劍橋生活，更無法形成對文學藝術的興趣。所以，遇到狄更斯是他一生最大的機緣。

他與狄更斯的初次見面，即是在徐志摩認識林長民的那次國際同盟協會上，狄更斯是那次會議的主席；後來徐志摩在林長民家裡喝茶時，再次見到了他。漸漸地，二人便熟識起來。徐志摩對這位亦師亦友的長者崇敬非常。一九二一年，他送給狄更斯一部家藏的康熙五十六年版《唐詩別裁集》，還用毛筆在書上寫了獻辭：

「贈狄更斯

舉世擾擾眾人醉，先生獨似高山雪；

高山雪，青且潔，我來西歐熟無睹，

惟見君家心神折。

嗟嗟中華古文明，時埃垢積光焰絕，

安得熱心赤血老復童，照耀寰宇使君悅。

——西游得識狄更斯先生，每自欣慰，草成蕪句，聊志鴻泥。」

這是徐志摩作爲詩人的處女作，其中可見他對狄更斯的崇敬。而狄更斯也對徐志摩愛護有加。徐志摩時常到這位慈祥老人的寓所裡與他聊天。狄更斯便與徐志摩聊他對愛與眞的希冀，聊他所崇尙的古希臘生活與東方文明，聊他對偉大浪漫主義作家的推崇。這一切，都在徐志摩心裡，織造了關於浪漫與理想主義情愫。但狄更斯大多數時候都在倫敦與他的姐妹們住在一起，鮮少待在劍橋。當他不在時，徐志摩仍然會時不時地來到狄更斯的房門口，坐在那裡沉思——關於理想，關於生活的方向。今天他坐在這裡，想得更多的也許是林徽因。

儘管與幼儀已經在離婚協議書上簽了字，徐志摩的精神已經從枷鎖中解放，但靈魂卻仍然缺少伴侶。林徽因早在十月就已經隨父回國，其間他們儘管也有通信，但他與林徽因之間卻總是隔著一層看不清的霧，曖昧不明。曖昧，讓徐志摩的心被憂鬱占定。這份憂鬱與英國名士的影響一起慢慢潛化出了他詩人的氣質；曖昧，也帶給愛情最美妙的想像。所以，愈發遙遠的距離，反倒讓徐志摩的心往林徽因那裡走得更近一些，他渴望她的心越發強烈。

回國找她！這個念頭就像康河上終年不散的水霧一般，在他腦中揮之不去。但是，他剛剛從劍橋大學的特別生轉爲正式研究生，博士學位眼看便能拿到。想當年爲了追隨羅素，他放棄了哥倫比亞大學的博士頭銜，而今在劍橋，他還沒有完成任何研究計畫，當眞捨得就這樣離開？

其他人或許會顧念學業，但他是徐志摩，理想與激情一旦迸發，就再也攔不住。或許，是因爲坐在狄更斯門前沉思，讓徐志摩能夠更加強烈地體會到狄更斯以及其他浪漫主義詩人的精神感召，最終，他決定爲愛離開劍橋。徐志摩一生都在尋求精神的安定，少了林徽因，他的靈魂似乎少了歸宿，即便取得了成就，他的心也無法安定。回國追她是必然，時間早晚而已。

一九二二年九月，他放棄了劍橋大學博士學位，起程回國。但並不是一去不回，等他實現了心願，一定會再回來，於是他寫了一首詩，以此明志：

康橋，再會吧！
你我相知雖遲，然這一年中
我心靈革命的怒潮，盡沖瀉
在你嫵媚河身的兩岸，此後

清風明月夜，當照見我情熱
狂溢的舊痕，尚留草底橋邊，
……
設如我星明有福，素願竟酬，
則來春花香時節，當復西航，
重來此地，再撿起詩針詩線，
繡我理想生命的鮮花，實現
年來夢境纏綿的銷魂足跡，
……
我今去了，記好明春新楊梅
上市時節，盼望我含笑歸來，
再見吧，我愛的康橋。

「設如我星明有福，素願竟酬，則來春花香時節，當復西航」。看來，詩人心中正憧憬著此番歸國，追上林徽因後「含笑歸來」繼續學業。可是他不知道，林徽因歸國後不久，就被梁啓超欽定爲兒媳婦了。

失敗而蹩腳的追求

徐志摩回國了，跟著他一起回來的，還有他離婚的消息。

與張幼儀離婚，在徐志摩看來是件歡樂無比的事情，但傳到國內，就談不上歡樂。外人不說，硤石老家的父母不會歡樂；幼儀的家人定然也不會歡樂。這不歡樂的許多人中，還有徐志摩的師父梁啓超先生。梁先生原本以爲年輕人相處不來，只得離婚。他一生致力於維新改良，這點開明程度自然是有的。但後來他聽張君勱說，徐志摩離婚後，反而與張幼儀相處得不錯，通信不斷，這就讓他想不明白。所以，在徐志摩回國後，他給徐志摩寫了封信，一頓教訓。

他說，徐志摩，天下豈有圓滿之宇宙？你要知道，人生樹立甚難，但消磨甚易。你現在風華正茂，正處在人生中最寶貴，也是最危險的時期。如果沉迷在虛幻的夢境裡，只會受挫，最終失志墮落！你要愼而又愼！你與幼儀離婚的舉動，是以他人之痛苦，易自己之快樂。況且，這樣做是否眞的能令你快樂還未可知，卻已經讓許多人爲你的行爲感到痛苦；還有，如今的年輕人總是榜標戀愛是天下唯一神聖的事，我固然不反對，但是天下神聖的事情太多，神聖的戀愛亦是可遇而不可求，不能你想如何便如何。多情多感的人，夢想雖多但卻難以滿足。你所夢想的那種神聖境界，恐怕亦將落空，最後徒增煩惱！

徐志摩知道，梁先生所謂的「神聖境界」，指的是他對林徽因的追求。先生此番話的目的，確是出於愛護徒弟，字字都是金玉良言。但是，徐志摩那時已經得知，林徽因已經與梁先生的兒子梁思成有了婚約。想來梁先生通過張君勱等人，也不難知道他對林徽因的心思。所以，梁先生的這封信，恐怕也包含著對徐志摩的警告：不要再對林徽因心存幻想。

可縱是先生警告又如何，他既然回來，就抱定了決心全力一搏，因此他在回信中說：

「我之甘冒世之不韙，竭全力以鬥者，非特求免凶慘之苦痛，實求良心之安頓，求人格之確立，求靈魂之救度耳。人誰不求庸德？人誰不安現成？人誰不畏艱險？然且有突圍而出者，夫豈得已而然哉？……

我將于茫茫人海中訪我唯一靈魂之伴侶；得之，我幸；不得，我命，如此而已。……」

他眞是將愛情激盪於理想中，已經全然不顧現實，不忌庸俗的猜忌與世俗的卑鄙。他發誓要用心血澆灌他的愛情理想，將它凝成明珠，朗照靈府。所以，梁啓超又能如何？他一樣與他叫板（以言語、文章向對方挑戰）。而且，梁啓超在對待婚姻的態度上，也已經與徐志摩這一代人的追求拉開了距離。梁啓超自己的婚姻，即是包辦。娶妻後，又納妻子的侍女爲妾。娶妻納妾，一代維新志士在自己的婚姻上，同樣行使了中國封建社會賦予男人的權利。如今，他看見徐志摩在婚姻問題上對傳統如此蔑視，未免覺得有些不是味道。

然而在徐志摩看來，愛情自由是人類自由精神的倒影，絕對不能人工嫁接似地包辦強配，而只有追求眞愛，將愛情放在自由的祭壇上頂禮膜拜，才能體現它的眞誠與神聖。也許神聖的愛情的確可遇不可求，但茫茫人海中，得之我幸，不得我命，我只管去追求便是。

於是，他放開手腳追。但畢竟林徽因已名花有主，再怎麼追也只能讓他們的關係懸著，懸到最後，徐志摩就只剩尷尬。

這天，徐志摩去北京松坡圖書館找林徽因。松坡圖書館其實有兩處：一處在石虎胡同七號，另一處設在北海公園快雪堂，是梁啓超辦公的地方。這裡一到星期天，少了遊人，便顯得格外幽靜古樸，很適合情人約會。徐志摩不是第一次來這裡找林徽因。本來，他是梁啓超的弟子，進進出出也沒有不對，但他總是在梁思成與林徽因約會時出現，把梁林二人的約會變成了三人聚會。徐志摩儼然是顆明晃晃的電燈泡，梁思成不滿意了。這不，今天徐志摩到了快雪堂，只見門上貼了張條：Lovers want to be left alone。這是婉轉的逐客令：情人不願被打擾。可以想見，徐志摩見了這字條，離開的時候，定是愁成了淒涼。不顧一切追愛，卻只得這樣的結果，正如他自己說：

我騎著一匹拐腿的瞎馬，
向著黑夜裏加鞭；——
向著黑夜裏加鞭，
我跨著一匹拐腿的瞎馬！

我衝入這黑綿綿的昏夜，
為要尋一顆明星；——
為要尋一顆明星，
我衝入這黑茫茫的荒野。

累壞了，累壞了我胯下的牲口，
那明星還不出現；——

那明星還不出現，
累壞了，累壞了馬鞍上的身手。
……

如果僅懷著單純理想而不顧現實，理想無異於「瞎眼拐馬」，如何能夠依憑？梁啓超果然對徐志摩看得透徹。他太瞭解自己的徒弟。徐志摩過分執著於單純的理想，熱血到無法感知現實的冷酷。所以他教訓他，不可妄求「圓滿之宇宙」，那不過是個「茫然如捕風」的幻象罷了。但徐志摩偏偏聽不進，他硬是騎了瞎眼的拐腿馬來尋明星，於是碰了釘子，撞了一鼻子灰。最終，愛情的明星遍尋不著，希望只剩下殘骸：

希望，只如今……
如今只剩些遺骸——
可憐，我的心……

卻教我如何埋掩？

……

我唱一支慘澹的歌，

與秋林的秋聲相和；

滴滴涼露似的清淚，

灑遍了清冷的新墓！

……

可是，愛情的微光總是會在希望最黯淡的時候閃動，挑逗多情之人的感官。就在徐志摩以為他追尋的愛情明星永遠落下地平線時，卻不料，它竟又有亮光。這一切要先從一九二四年的泰戈爾訪華說起。正是他，帶著新月般的清輝，照亮了徐志摩因愛而黯淡的生活。

泰戈爾來華

泰戈爾的中文名字「竺震旦」，得自梁啓超。

一九二四年五月八日，泰戈爾在他的訪華行程中迎來他六十四歲生日。北京各界爲他舉行了隆重的生日慶賀會。慶賀會的其中一項，便是爲泰戈爾獻贈中文名。之所以取名「竺震旦」，梁啓超這樣解釋：泰戈爾的英文名字**Rabindranath**翻譯爲中文即「太陽」與「雷」，「震旦」二字由此而來。再循中國以往翻譯外國人名之例，泰戈爾的中文姓氏應以其國——印度，即「天竺」爲姓，故定爲「竺」。因此，泰爾戈的中文名，便定爲「竺震旦」。泰戈爾許是對這個名字很滿意，高興之餘受了啓發，也給徐志摩起了個印度名字「素思瑪」——Soosima。

這次泰戈爾來華，雖是以梁啓超「講學社」的名義邀請，但實際上眞正大力推進的人正是徐志摩。雖然，徐志摩對泰戈爾敬愛非常，到了後來，更是直呼泰翁「羅賓爹爹」，但有意思的是，他對泰戈爾的文學作品以及哲學體系似乎並不感冒（此爲大陸用語，不感興趣叫不感冒）。

早在一九一三年，泰戈爾已經憑藉抒情詩集《吉檀迦利》獲得諾貝爾文學獎，成爲亞洲獲此殊榮第一人。這位詩哲的作品有世界級的影響力，但徐志摩從頭到尾都沒有對他的詩作投以足夠的關注，對他的哲學思想也從未明顯表達過自己的立場。不過，這些並沒有影響徐志摩對泰戈爾的崇拜。一九二三年九月十日，泰戈爾來華前，徐志摩在《小說月報》上發表了《泰戈爾來華》，他說：

「泰戈爾在世界文學中，究占如何位置，我們此時還不能定，他的詩是否可算獨立的貢獻，他的思想是否可以代表印族復興之潛流，他的哲學是否有獨到的境界——這些問題，我們沒有回答的能力。但有一事我們敢斷言肯定的。就是他不朽的人格。

他的詩歌，他的思想，他的一切，都有遭遺忘與失時之可能，但他一生熱奮的生涯所養成的人格，卻是我們不易磨翳的紀念。所以他這回來華，我個人最大的盼望，不在他更推廣他詩藝的影響，不在傳說他宗教的哲學的乃至於玄學的思想，而在他可愛的人格，給我們見得到他的青年，一個偉大深入的神感……」

不難看出，徐志摩對泰戈爾的推崇，完全源自他的人格——博愛、至誠、堅韌，追求和平與自由。這似乎也是徐志摩自己終生探求的生命境界。所以，泰戈爾在徐志摩眼中成了高山仰止的人物。他不惜用最華麗的辭藻來形容這位慈愛的老人：

「他是不可侵凌的，不可逾越的，他是自然界的一個神祕的現象。他是三春和暖的南風，驚醒樹枝上的新芽，增添處女頰上的紅暈。他是普照的陽光。

他是一派浩瀚的大水，來從不可追尋的淵源，在大地的懷抱中終古的流著，不息的流著，我們只是兩岸的居民，憑藉這慈恩的天賦，灌溉我們的田稻，蘇解我們的消渴，洗淨我們的污垢。

他是喜馬拉雅積雪的山峰，一般的崇高，一般的純潔，一般的壯麗，一般的高傲，只有無限的青天枕藉他銀白的頭顱。……」（徐志摩《泰戈爾》）

雖然這幾行濃烈的文字讀起來難免發膩，但無疑表達了徐志摩對泰戈爾人格的崇敬。同時，對泰戈爾的作品與詩作的影響，徐志摩也承認「無法回答」。因此，他積極推動這位偉大的詩哲到中國來，不爲「推廣他詩藝的影響，不在傳說他宗教的哲學的乃至於玄學的思想，而在他可愛的人格，給我們見得到他的青年，一個偉大深入的神感……」。讓泰戈爾人格的神輝，引導陷在動盪年歲裡的中國人，從「懷疑、猜忌、卑瑣的泥濘」中解脫。

徐志摩篤定泰戈爾的影響力，但泰戈爾自己，卻懷疑他的到來是不是眞的能給中國人的思想與心智補充營養。但無論他在踏上了這片古老的土地之前有多麼遲疑，當他見到那些歡迎的人潮時，或許能找回勇氣。他的到來是當時中國文化界的一大盛事。當他乘坐的輪船抵達上海碼頭時，文化界名人、各大報社記者，都在歡迎他。據說連末代皇帝溥儀都與他會面。而與泰戈爾神交已久的梁啓超在歡迎詞中，也不吝溢美之詞：「我們用一千多年前洛陽人士歡迎攝摩騰的情緒來歡迎泰戈爾哥哥，用長安人士歡迎鳩摩羅什的情緒來歡迎泰戈爾哥哥，用廬山人士歡迎眞諦的情緒來歡迎泰戈爾哥哥。」

有歡迎的地方就一定有批評。陳獨秀、郭沫若、沈雁冰、瞿秋白、林語堂等人在對待泰戈爾的態度上，就與梁超啓、徐志摩涇渭分明。在陳獨秀他們看來，泰戈爾的思想放在中國，簡直是中國青年的思想大敵。郭沫若就毫不客氣地說：「世界不到經濟制度改革之後，一切什麼梵的現實，我的尊嚴，愛的福音，只可以作爲有產有閑階級的嗎啡，椰子酒；無產階級的人終然只好永流一身的汗水。平和的宣傳是現世界的最大的毒物。」

聽到了這樣的反對聲，泰翁的心受了打擊。他的思想在自己的國家，被認爲過分前衛，而到了中國他卻被指責太過保守。眞是愁煞了老人。雖說他原本認為，如果只談詩歌，或許對不住對他寄予厚望的中國朋友，但事實證明，如果他僅僅談詩，或許更容易被人接受。

老人心累，再加上三四十場的演講，無數的會面與接見，身累。或許此時，最能令身心俱疲的泰戈爾感到安慰的，就是他的忘年交素思瑪——徐志摩了。這真是一位熱情真摯的青年。他幾乎一路都在陪著泰戈爾，無論是演講、茶話、遊覽，從上海到北京，他當翻譯，當導遊。甚至有一次，他陪泰戈爾到法源寺賞丁香，竟因情緒激動，在樹下做了整整一夜詩。

泰戈爾的訪問是否對當時的中國有現實意義，或許的確值得商榷。但就徐志摩個人而言，泰戈爾的這次訪問，意義重大：正是在這次接待泰戈爾的活動中，他看見了他與林徽因愛情中那點殘存的微弱希望。

泰翁到了北京後，同是新月社成員的林徽因加入了接待工作。據說當時陪同泰戈爾的「林小姐人豔如花，和老詩人挾臂而行，加上長袍白面，郊荒島瘦的徐志摩，猶如蒼松竹梅的一幅三友圖。」這一對金童玉女似的人物，本就前緣未了，加上日日相處，舊情復燃也在情理之中。而這段期間他們最珍貴的記憶，恐怕要數爲排演《齊德拉》時的接觸。

同樣是爲了在泰翁六十四歲生日慶賀會上爲他慶祝，新月社同人（即同仁）排演了由泰戈爾改編自印度史詩《摩訶德婆羅多》的《齊德拉》。那是一個與愛有關的故事。戲裡，林徽因扮演女主角齊德拉公主，徐志摩扮演愛神。在愛神的幫助下，齊德拉公主終於與她愛慕的王子，過上了幸福快樂的生活。

這齣美麗的愛情神話裡，觀衆最無法忽略的，不是王子與公主，而是愛神與公主。他們的每一次眼神交會，都是心的相連，連得如此默契如此和諧。他們彷佛能從對方的眼中讀懂臺詞，更能從對方的眼神中，讀出臺詞以外的情愫。眞情演繹出的戲劇，無疑能感動所有人。這次演出取得了巨大的成功。它是第一次以全英文演出的戲劇；是徐志摩的新月社，作爲一個團體，第一次公開舉行的活動；而它對徐志摩而言，最重要的意義是，它是一劑強心針，讓徐志摩彷佛早已麻木的愛情漸漸蘇醒。不但如此，或許是徐志摩與林徽因在臺上的感情過分滿溢，漫出了舞臺，滲入了現實，於是招來了流言。據說，梁家也對二人產生了不滿。

因爲一場戲，兩人傳出緋聞，儼然現代八卦新聞的橋段。但這兩人的緋聞卻很難讓人不當眞。畢竟，他們曾有一段共同的康橋回憶。而徐志摩從來沒有徹底放棄對林徽因的愛，這幾乎是公開的祕密。他歸國後仍是待她殷切，待她溫柔一如初見。林徽因再理智，但終歸還是個女人，女人對癡情浪漫的男人天生少了免疫。因此，就算林徽因當時誠如外界所傳，眞的陷入了情感的掙扎，也再自然不過。

可是，林徽因依舊是林徽因，理智得能讓所有女人羨慕。她或許掙扎矛盾，但她最終選擇了遠離情感的是非。《齊德拉》公演後不久，林徽因再次離開了，這次是去美國上大學，與梁思成一起。於是，徐志摩的愛情蘇醒宛如一次生命的迴光返照。

天地徹底暗了。徐志摩茫茫然，不知道該往哪裡走，頹喪得直想掉淚。偏偏這時，他要陪泰戈爾到山西推廣農村建設計畫。這一別再回來，怕是林徽因已經離開，不知何日才能見到了。一九二四年五月二十日，泰戈爾前往山西，送行的車站，徐志摩終於爆發。他知道林徽因就站在人群裡，但是他不敢看。即便看了又能怎樣？他們只是隨著車輛前行，越來越遠，最終消失在彼此眼裡。他繫在林徽因身上的情絲，怎麼就這樣能說斷就斷了？原來愛情如此脆弱，眞是不敢相信。他傷心至極，鋪開信紙，寫了封信：

「我眞不知道我要說的是什麼話，我已經好幾次提起筆來想寫，但是每次總是寫不成篇。這兩日我的頭腦總是昏沉沉的，開著眼閉著眼卻只見大前晚模糊的淒清的月色，照著我們不願意的車輛，遲遲地向荒野裡退縮。離別！怎麼的叫人相信？我想著了就要發瘋，這麼多的絲，誰能割得斷？我的眼前又黑了。」

信沒有寫完，他還來不及送出，火車卻要走了。他焦急，衝向月臺，同行的泰戈爾祕書恩厚之見他如此傷情激動，便將他攔下，幫他把信收起。於是，這封沒有寫完的信，就這樣永遠沒有被寄出，隨著徐志摩與林徽因的愛情，一起被歲月留在了記憶裡。的確，單憑理想無法對抗現實，「去罷，青年，去罷！悲哀付與暮天的群鴉」；從那場幻夢裡醒來，「去罷，夢鄉，去罷！我把幻景的玉杯摔破。」天空愛上大海，只有風嘆息……

3 新月風流

石虎胡同七號

北京西單附近的石虎胡同七號有座王府似的宅子，古樹參天。這座宅子有名，裡面住過西南王吳三桂和清代名臣裘曰修；也有人說這宅子鬧鬼，是當年北京城有名的凶宅；後來，梁啓超把松坡圖書館專藏西文圖書的分館辦在這裡。徐志摩回國以後，便進來當了英文幹事，並將其間的一處房屋作爲自己的居所。

當年，松坡圖書館總務部主任是蹇季常先生。有一天，他看見徐志摩在自己的住處外掛了塊牌子，上書「新月社」。或許他當時沒有想到，這個二十五歲的年輕人，在自己的房門口掛了塊並不起眼的牌子，竟成爲中國近代文壇上，一個全新文化團體誕生的標誌。

那還是一九二四年春天，徐志摩正等著泰戈爾訪華。總有人說，佮俐如徐志摩，定是爲了討泰翁歡心，才應景似地將自己創立的團體命名爲「新月社」。誠然，徐志摩的「新月社」與泰戈爾的《新月集》有必然的聯繫，但「新月」二字，也鐫刻著強烈的徐志摩韻味。

徐志摩愛月，看他的詩，總能見團團月彩。雷峰塔下，有明月瀉影在眠熟的波心；再看明月似新娘嬌羞，用錦被掩蓋光豔；有時殘月半輪，如破碎的希望，應和了半夜深巷傳出的琵琶；而當月光將花影描上石隙，竟能讓粗醜的頑石生媚……徐志摩愛月，人也如月浪漫，情感亦如月般澄明，毫無遮掩。想當初，他為自由，能對張幼儀冷酷如此，卻也為了林徽因，熱情溫柔；他能為理想，毅然拒絕美國的博士頭銜，而去英國朝拜羅素，也能為了愛情乾乾脆脆地離開劍橋。徐志摩的愛與恨，旁人一眼便能直直看明白。這種對情感毫無遮掩的表達，應了「新月」的清澈明亮，但同時，也是他遭遇文壇風波與情感糾葛的原因。

恐怕就連徐志摩自己都無法確定，像他這樣二十幾歲，毫無根基的青年，能在短短兩年時間中做出什麼成就來。那時，大批青年學生自海外歸來，北京城裡藏龍臥虎，不定哪條逼仄（狹窄）的胡同裡一扇不起眼的門後，就坐著一個才華驚豔的青年；而一場新文化運動，又催生了多少團體與刊物。團體如文學研究社、創造社，銳氣逼人；刊物如《小說月報》、《新青年》亦是風生水起。新月清淡的光輝真的能照徹他的理想嗎？

一九二二年十月，徐志摩回到北京。雖然此時，他正因無法獲得林徽因的愛情而被一份深刻的憂鬱占定，但這真的不是他生活的唯一重心。畢竟，身在大北京，不管是新朋還是舊友，圍繞著自己的都是精英。這些人的才氣與名聲是驅策的鞭子，讓徐志摩一刻也懈怠不得。於是，他與所有剛出道的文學青年一樣，躍躍欲試，想在文壇打天下。當然，最直接最簡單的方式，便是多多投稿。

從一九二三年一月至三月，短短兩個月內，徐志摩在《創造季刊》、《小說月報》、《努力週報》、《時事新報．學燈》、《晨報副刊》等刊物上，接連發表了十數篇作品。初入江湖的文學青年，就這樣躍馬揚鞭開始經營自己的文學生涯。

雖然，徐志摩謙虛地說自己的東西不成氣候，都是些爛筆頭，但實際上，他的詩格律新穎，給了古老的中國詩歌以新的體魄。而他的文字，則帶著富麗的聯想，清新俏皮，彷彿不沾人世煙火。因此，他的作品一發表，就吸引目光無數。

這期間，他最有名的詩，恐怕要數《康橋再會吧》！

康橋，再會吧；
我心頭盛滿了別離的情緒，
你是我難得的知己，我當年
辭別家鄉父母，登太平洋去，
（算來一秋二秋，已過了四度
春秋，浪跡在海外，美土歐洲）
扶桑風色，檀香山芭蕉況味，
平波大海，開拓我心胸神意，
如今都變了夢裡的山河，
渺茫明滅，在我靈府的底裡；
……

這是首新詩，它最初登報是在一九二三年三月十二日的《時事新報》副刊《學燈》上。只不過，不是以詩文形式，而是以散文形式出現，並不能責怪編輯出錯。這首新詩在當時的中國是一種全新的體裁。它近似於英文「素體詩」，全篇無一字押韻，卻貫穿以一定的音節。所以，即便拿他當散文來讀，也是一氣連貫。沒有見過這種詩歌體裁的人，將其誤認作散文也實屬正常。因此，徐志摩見出了差錯也沒生氣，只是寫了信去報社糾正。三月二十五日，《康橋再會吧》重新登載。徐志摩看了後，發現還是錯——順序亂了。沒辦法，只得再改。於是，這首詩第三次見報，這次總算對了。

這首詩很快便引起大家關注，其中的原因除了它的創新之外，接連出錯的周折也占了一份。徐志摩因這首詩，成就了最早的詩名，其中有才華，亦有風波。最初的成名經歷，就像是徐志摩文壇經歷的預言。徐志摩以後便會知道，他這一路走來，麻煩不斷，但就目前看來，一切都還平靜。

現在，徐志摩詩名日高，加上他天生善交際，所以身邊很快聚集了許多志同道合的朋友。他們與徐志摩一樣，都曾留學歐美，都是精英，都急迫地想將西方新思想植入古老中國的陳舊生命中。也因爲都是書生，所以激揚文字成爲他們最好的表達方式。新一代青年渴望言說的空間，於是，「聚餐會」出現了。

在當時的北京知識份子中，流行著一種具有歐洲「沙龍」性質的「會」：生日會、消寒會、聚餐會、互友會等等。參與的人多是社會名流，大家在一起或論國事或聊生活，或宣洩情感或抒發苦悶。早在英國期間，徐志摩就對參與沙龍聚會情有獨鍾，現在，他有了自己的交際圈子，何妨也組織個「會」？於是，他開始忙碌，積極動員胡適、林長民、丁文江、張君勱等人，成立了「聚餐會」。

這個聚餐會每週聚餐一次，但聚餐的地點不定，或在某個朋友家裡，或在飯莊、公園。雖名爲「聚餐」，但重點卻不在「餐」而在「聚」。一群朋友坐在一起，交流觀點，互通資訊。他們將嚴肅、甚至枯燥的思想話題，糅雜於趣味無窮的社交中。或許，一種新的藝術風格，一種新的文藝思想，一個新的文學流派，就在觥籌交錯間被形塑。

有人說，徐志摩熱心組織大家成立「聚餐會」是他因失去林徽因後，便只能寄情於事業。這話也有幾分道理，或許在朋友的笑談中，在淺吟低唱聲裡，他能暫別失戀的苦痛，描一描自己理想的「稜角」。

我們的小園庭，有時蕩漾著無限溫柔：
善笑的藤娘，袒酥懷任團團的柿掌綢繆，
百尺的槐翁，在微風中俯身將棠姑抱摟，
黃狗在籬邊，守候睡熟的珀兒，它的小友
小雀兒新制求婚的豔曲，在媚唱無休——
我們的小園庭，有時蕩漾著無限溫柔。

我們的小園庭，有時淡描著依稀的夢景；
雨過的蒼茫與滿庭蔭綠，織成無聲幽冥，
小蛙獨坐在殘蘭的胸前，聽隔院蚓鳴，
一片化不盡的雨雲，倦展在老槐樹頂，

掠簷前作圓形的舞旋，是蝙蝠，還是蜻蜓？
我們的小園庭，有時淡描著依稀的夢景。

我們的小園庭，有時輕喟著一聲奈何；
奈何在暴雨時，雨槌下搗爛鮮紅無數，
奈何在新秋時，未凋的青葉惆悵地辭樹，
奈何在深夜裡，月兒乘雲艇歸去，西牆已度，
遠巷薤（ㄒㄧㄝˋ）露的樂音，一陣陣被冷風吹過——
我們的小園庭，有時輕喟著一聲奈何。

我們的小園庭，有時沉浸在快樂之中；
雨後的黃昏，滿院只美蔭，清香與涼風，
大量的蹇翁，巨樽在手，蹇足直指天空，
一斤，兩斤，杯底喝盡，滿懷酒歡，滿面酒紅，

連珠的笑響中，浮沉著神仙似的酒翁——
我們的小園庭，有時沉浸在快樂之中。

《石虎胡同七號》，徐志摩詩作中的名篇。藤娘、棠姑、槐翁、黃狗，映著他的天眞本性。那道「依稀的夢景」，正是他理想中的靜謐恬寧。這裡遠離人情紛擾，洋溢詩趣無限，清澈秀逸一如他心中的康橋。一首詩，便將一座城移植到這裡。徐志摩帶著他的康橋情結，在這座小園裡滋養著他「詩化的生活」與希望。

那時，徐志摩的願望很簡單，他不過是想集合身邊的朋友，藉著衆人的力量，做點自己想做的事情——演戲。演戲一事在當時的知識份子中並不簡單，尤其在五四以後，它成爲許多進步青年最有力的思想宣傳媒介：李叔同在日本創立了「春柳社」；田漢有了自己的「南國社」；茅盾也組織了「民衆劇社」。徐志摩也想藉著戲劇起步，爲自己開闢條新路。

但是，一直到徐志摩把「新月社」的牌子掛起，這些聚在一起想演戲的人卻什麼都沒演成。多虧後來泰戈爾來了，衆人爲了給泰翁祝壽，才被逼出了一齣《齊德拉》。之後，他們也曾想排演幾齣丁西林的戲，卻也只是想，一直沒有動靜。

沒過多久，松坡圖書館爲了節省經費，出售了石虎胡同七號。爲了延續新月社的活動，徐志摩辦起了「新月社俱樂部」。也正是此時，新月社作爲一個團體，才眞正成形。「聚餐會」時期，大家輪流坐莊，活動沒有固定場所；當初的「新月社」看起來也只是名稱，組織顯然還未定形。現在，新月社同仁有了固定的活動場所，即位於松樹胡同七號的「新月社俱樂部」。說到這裡，還得多謝徐申如與黃子美的幫忙。

新月俱樂部

在徐申如眼裡，兒子徐志摩顯然背離了父親爲他設計好的航向：先是從父親爲他定下的婚姻中「叛逃」，接下來又不好好讀書以繼承家業，而跑去寫些無用的詩。換了其他人，把兒子關起來管教也說不定。但徐申如畢竟見過世面，也夠開明，所以當徐志摩表達了他要建立新月社俱樂部的願望時，他大方地答應了。何樂而不爲呢？建立團體，有利於兒子擴大他的交際圈。用商人的眼睛觀察，這是好事。所以，他不但答應，還墊了一筆錢給兒子當經費。此外，徐申如的好友黃子美也出了錢，而且還幫他們找了房子——松樹胡同七號。

在陳西瀅的記憶中，那是一棟花園平房，一間大房用來開會，一間小飯廳用來請客。另一間不大不小的房間，是徐志摩的書房兼臥房。黃子美也把這裡布置得很好，通了電，接了電話，就連廚子都備好了，聽說做的菜很好。

這裡有舒服的沙發躺，有可口的飯菜吃，有相當的書報看，徐志摩挺滿意。他的新月社會員們常來這裡聚談。一群文人雅士聚在一起，興趣也便成了「雅興」。他們交流學術，探討文藝，評論時政，好不熱鬧。此外，新月社還舉辦各種「會」，其中自然少不了詩歌朗誦會。

秋天，五色的爬牆虎葉子，將松樹胡同七號院點綴得色彩斑斕。沈從文一走近院子，便聽見一陣清而輕的聲音。原來徐志摩坐在牆邊石條上讀詩，緩急之間，見出情感。這是沈從文第一次見到徐志摩。新月社俱樂部時常舉行這樣的詩歌朗誦會，徐志摩但有新作，也總是很有興致地將它讀給客人聽。

除了詩歌朗誦會，新月社還辦讀書會。熊西弗印象最深的一次讀書會，是梁啓超先生來講解和朗誦《桃花扇》。那天，梁先生講了《桃花扇》作者的歷史，詳盡地分析了它的時代背景以及它在戲曲文學上的價值。末了，梁先生還用他流利的「廣東官話」朗誦了《桃花扇》中最動人的幾首詞。據說當時，先生在「誦讀時不勝感慨之至，頓時聲淚俱下，全座爲之動容。」（熊佛西《記梁任公先生二三事》）

新月社辦了許多「會」，新年時有舞會，元宵鬧燈會，總之琴棋書畫，能想出的事情幾乎都辦成「會」了，只是這戲劇，仍然全無蹤影。

這並不奇怪，新月社衆人當中，有小說家，如淩叔華；有美術家，如聞一多；有知識份子，如胡適、陳西瀅；有銀行家如黃子美；有軍界人士，如王賡；

還有政界人士如張君勱。眾人各有各的專長，各有各的工作，哪抽得工夫專門寫戲排戲？而這戲遲遲沒排上，卻也反映了新月社組織的鬆散。眞的過於鬆散，以至於連新月社成員在回憶有關它的事情時，竟然都模糊了記憶。

「他（徐志摩）那門前掛著『新月社』牌子的寓所，石虎胡同七號，是因爲他曾經在這裡接待過《新月集》的作者——印度老詩人泰戈爾……」

這是饒孟侃的說法。他記錯了徐志摩掛牌的時間——應當是泰戈爾來華之前。

「『新月』本來是北平北海公園的一個小俱樂部，由胡適、徐志摩和幾個銀行家組成，最初只是大家常聚在一起聊天玩玩，當時我在美國沒有參加……」

這是梁實秋的記憶，但是他沒有參加的「俱樂部」其實是當時的「聚餐會」，並不是後來的新月社俱樂部。而且，當時的聚餐會，顯然並不固定在北海舉行。

「『新月』不是一個正式的社團，最初是民國十三年在北平的一些教授們，其中包括胡適、徐志摩、饒孟侃、聞一多、葉公超等人定期聚餐的一種集會……」

這是葉公超的回憶，但是，最初的「定期聚餐」時期，可沒有饒孟侃、聞一多和葉公超自己。

眞不能怪成員們混淆了記憶。要讓徐志摩自己想，他可能連自己的新月社有多少人都弄不清。他隨性得很，遇著聊得來的，便把人往新月俱樂部裡拉，連入會手續都不見得齊全。比如聞一多，他在一九二五年八月九日加了一場新月社的茶話會後，第二天，就正式成爲會員了。難怪陳西瀅從未曾見新月社有過社員名單。不僅沒有社員名單，甚至就連大家一起開會討論社團宗旨這樣的事情都沒有。所以，這個時期的新月社，與其說是文學團體，倒不如說是徐志摩朋友的組織，彼此有襟袍關係，各人有個人的興趣。如果新月社俱樂部裡坐著一群人，你根本不知道誰是正式社員，誰又是來訪的客人。

新月社很鬆散，散到連會費都沒有正式的負責人來收。所以也就不難想像，新月社俱樂部成立以後，因為無人按時交會費，所以僅兩個月，新月社就有了巨額的虧空。

交會費一事，不是沒有規定，每個人每月一圓五。也不是大家手裡緊，交不上。當時新月社裡多是名流紳士、太太小姐，每月那點錢不成問題。問題是，不知交給誰。交給徐志摩是萬萬不成的，他這人沒有計劃，也沒有管賬的心思。會費收不上來，其他人倒也罷了，只是委屈了黃子美。

黃子美當初出錢幫徐志摩成立了新月俱樂部，後來又在新月社當了管事，大大小小的雜務，都得要他來。徐志摩對他很是感激，本來是想收了會費，把黃子美的墊資還上。這下可好，他隨意收人，又不管事，會費沒收齊，不但還不上錢，還虧了錢。這倒也罷了，本就墊錢幫忙的黃子美，為著虧空，還得自掏腰包補漏洞。也難怪後來黃子美聽說徐志摩因感情苦悶要去歐洲散心時，會連眼睛都紅了。所以，徐志摩無比自責：「他（黃子美）不向我們要酬勞已是我們的便宜，再要他每月自掏腰包貼錢，實在是太說不過去……如果我要是一溜煙走了，跟著太爺（對他人的尊稱）們愛不交費就不交費，愛不上門就不上門。這一來黃爺豈不吃飽了黃連，含著一口的苦水叫他怎麼辦？」

能維持住散沙樣的新月社，原因之一，是新月社畢竟是「徐志摩朋友的團體」。這些朋友與徐志摩在文藝思想與政治理念上有共同的追求。但更重要的是，徐志摩在人群中產生的強大凝聚力，否則單是朋友，也並不見得非得跟你一起結社。

徐志摩的信仰單純堅定，他追求真與自由，他的情感一向真誠坦蕩，對人懷有愛與同情。這些個人魅力，令徐志摩產生了奇妙的黏性，連接著周圍的朋友。因此，「新月」給了徐志摩靈感與希望，而徐志摩給了「新月」以靈魂。所以，一旦這個靈魂寂滅，「新月」便會黯淡，人心便散。不說遠的，只說一九二五年，徐志摩不過離開北京出遊歐洲半年而已，新月社便幾乎只剩下一個名號。徐志摩曾在旅途中給新月社眾人寫了封信，他半是自責，半是激勵地問眾人：「新月新月，難道我們這新月便是用紙板剪的不成？」

徐志摩的自責，並不僅止於新月社的管理。他眞正懊惱的，是他的理想一點「稜角」也沒有露。那些新年年會、元宵燈會、古琴會、書畫會、讀書會，在徐志摩眼裡，充其量不過是大家一時興起，消磨時光用的時令點綴。不是說談詩歌嗎？怎麼現在搓麻將、打彈子的居多了？不是說藉演戲以推廣文藝，以宣傳思想嗎？怎麼現在，這裡越來越像會友交際的場所？不是要談理想嗎？怎麼現在竟成了上流先生太太們的娛樂消遣？「這petty bourgeois（小資產階級）的味兒，我第一個就受不了。」徐志摩痛心，「我們新月社豈不變了一個古式的新世界或是新式的舊世界了嗎？」

他深覺理想不露稜角，眞是可恥。如果他的新月社生活一直這樣過下去，那他筆尖的光芒與心血就都將黯淡，所以他一定要振作。他從來就不是輕言放棄的人。到現在，他仍相信，「『新月』雖則不是一個怎樣強有力的象徵，但它那纖弱的一彎分明暗示著、懷抱著未來的圓滿。」（徐志摩《新月的態度》）當初，「羅刹蒂一家幾個兄妹合起莫利思朋瓊司幾個朋友在藝術界裡就打開了一條新路，蕭伯納衛伯夫婦合在一起在政治思想界裡也就開闢了一條新道。」（徐志摩《給新月》）現在，憑藉眾人的才學與創造力，憑藉著共同的夢想，他們一定能讓「新月」呈現它應有的樣子。

理想是好，只不過，現實仍然讓他失望，他的新月一直被烏雲籠罩。但也只是暫時，等他從歐洲回來，接辦《晨報副刊》後，他的理想才算露了稜角。雖然新月社眾人不像其他文學團體那樣，習慣團隊作戰，但就他們個人而言，都是才華橫溢的人物，都可以獨當一面。最拿得出手的人，非胡適莫屬。

世上另一個我

幾乎所有人都承認，徐志摩是新月社的靈魂，而胡適則是新月社的領袖。

胡適何許人也？他本名嗣穈（ㄇㄣˊ），後來，他給自己改了名字——「適」，據說出自達爾文「物競天擇，適者生存」。他是一九一〇年「庚子賠款」第二期官費生赴美留學生。到了美國，他進了康奈爾農學院學習農學。可是，這個智慧一流的人物，卻被蘋果樹的分類弄得暈頭轉向。其他人二十分鐘能分清三十種蘋果樹，胡適花了兩個半小時，只分出了二十種。所以，他極鬱悶地轉行。這一轉，非同小可，竟成就了他日後的名聲。

他開始研究文學、哲學、史學、考據學、教育學、倫理學，陸續獲得三十多個博士頭銜；他一篇《文學改良芻議》，宣導白話文寫作，石破天驚；此後，他出版了中國新文學史上第一部白話詩集《嘗試集》；他第一個用白話寫作獨幕劇，確立了現代話劇的新形式；他的小說《一個問題》，爲中國「問題小說」流派開宗之作；他是那場文學革命的領袖。

在徐志摩眼中，胡適敦厚，師長一樣令人覺著溫暖，受人尊敬，但創造社的郭沫若就對他印象不好。而胡適在那場「夕陽樓之爭」中表現出的英文優越感，更是讓創造社視他為敵對頭。不過，也不能全怪胡適，若不是郁達夫在那場爭論中，先用了些不入流的話嘲弄了胡適，胡適後來也不至於「過分激烈地」對創造社等人不通英文的事實表達蔑視。畢竟，胡適崇尚的也是紳士風度。他生命中的絕大多數時光，都維持著平和。所以那次「夕陽樓事件」也是他先退讓，在爭論中先對自己的過分言辭表示慚愧，對自己在爭論過程中的無禮道歉。然而雙方的糾紛在胡適的退讓中漸息時，冒冒失失的徐志摩又一頭撞入，於是紛爭再起，不過那已是後話。

胡適與徐志摩，新月社雙絕。因為「新月」，他們結下了深厚的情誼。徐志摩親近胡適，「與適之談，無所不至，談書、談詩、談友情、談愛戀、談人生、談此談彼……」胡適欣賞徐志摩，認為徐志摩對詩的見解甚高，學力也好。他甚至希望徐志摩能成為東方的惠特曼（Walt Whitman）：十九世紀美國傑出的民主詩人。也許正是帶著這樣的期望，他不斷地在徐志摩的文學創作上給予鼓勵與靈感，所以徐志摩才會說，他的大多數的詩行都是胡適撩撥出來。可以說，胡適親手開創了新文化運動，而徐志摩的出現，則繼承了他的使命。

胡適與徐志摩的相交，是新文化運動的宣導者與力行者之間的相遇。事實證明，在新月社的全部發展歷程中，無論少了他們當中的哪一個，「新月」都將黯淡無光。曾經，胡適在徐志摩離開北京時，維繫著他們的聚餐會，否則，用徐志摩的話說，聚餐會早已嗚呼哀哉了；後來，胡適失去了徐志摩，「新月」失去了靈魂。他作爲領袖，再也無法像原來那樣感召「新月」同人。於是，「新月」衆人散成了天上群星，各自散發光彩。

儘管在很多事情上，胡適與徐志摩同聲相契，但他們實如一個靈魂的正反面。徐志摩在這一點上看得透徹，他對胡適說：「你我雖則兄弟們的交好，襟懷性情地位的不同處，正大著。」

徐志摩浪漫溫柔，文字柔軟多情，但現實中他卻能激烈到先以離婚的方式反傳統，後以再婚的方式實踐他的先鋒理想。所以，徐志摩在浪漫裡成爲持刀騎士，驚世駭俗。而胡適，宣導全面西化的新銳幹將，卻謹愼保守地留在了包辦婚姻裡，甘心成就世人「小腳夫人，留美博士」的笑談。胡適的矛盾，誠然是那一代文人的典型性格，卻也是胡適自己的性子。他持守中國文人的禮義與溫和，強調著「容忍比自由更重要」。「情願不自由，也就自由了。」說著這話，胡適在自己的情感問題上秉持了理性。

這種理性，使得蔣公中正評價胡適是「新文化中舊道德的楷模，舊倫理中新思想的師表」，也是這種理性，令胡適在唐德剛的《胡適雜憶》中，被說成「發乎情、止乎禮的膽小君子」。或許，發乎情、止乎禮，是因為胡適將他的生命重心落在了經世致民上，而不像徐志摩那樣，彷彿是為愛而生的。

還是徐志摩的話：「你（胡適）在社會上是負定了一種使命的，你不能不鬥到底，你不能不向前邁步，……但我自己卻另是一回事，……我唯一的希望是……在文學上做一點工作……始終一個讀書人……」或許，胡適並不願承認自己的使命——政治。在這點上，他羨慕徐志摩也說不定。因為胡適曾說，終生不談政治。但終其一生，他都在談論。談五四、談蘇俄、談人權、談法治……他跟袁世凱談過，同吳佩孚談過，與段祺瑞談過，也與蔣介石談過。每一次面向廟堂的言談，也都是溫和，他似乎永遠微笑著，向世人描繪他的理想中的社會。

最後，在他離開人世後，人們在他的墓誌銘上寫：「這是胡適先生的墓。生於中華民國紀元前二十一年，卒於中華民國五十一年。這個爲學術和文化的進步，爲思想和言論的自由，爲民族的尊榮，爲人類的幸福而苦心焦思，敝精勞神以致身死的人，現在在這裡安息了！我們相信形骸終要化滅，陵谷也會變易，但現在墓中這位哲人所給予世界的光明，將永遠存在。」

淚浪之爭

一九二三年，徐志摩回國一年而已，就已經憑藉著他的詩，才名遠播。徐志摩的文學生涯，除了以其才華驚豔於世外，大大小小的麻煩也接連不斷。這多少也是因他的性子坦率，不管對人或對己，對敵對友，他有話總是直說。所以，得罪人了。

先是開罪了郭沫若。

郭沫若當年寫過一首詩，說的是他重返故居時，不由感傷，「淚浪滔滔」。正是這淚浪滔滔，讓徐志摩有話說：

「固然做詩的人，多少不免感情作用，詩人的眼淚比女人的眼淚更不值錢，但每次流淚至少總得有個相當的緣由。踹死了一個螞蟻，也不失爲一個傷心的理由。現在我們這位詩人回到他三個月前的故寓，這三月內也不曾經過重大的變遷，他就使感情強烈，就使眼淚「富裕」，也何至於像海浪一樣的滔滔而來！」

徐志摩覺得，無論如何眼淚都不至於像海浪一樣滔滔。這意見不免偏頗。作爲浪漫主義詩人，徐志摩應該知道「誇張」是詩人最常用的手法之一。況且他批評郭沫若「回到他三個月前的故寓，這三月內也不曾經過重大的變遷，他就使感情強烈」——這顯得徐志摩缺乏同情。

郭沫若被批評的那首詩名爲《重過舊居》，寫他重訪日本舊居時的心境。當時郭沫若從上海返回日本福崗舊居，發現妻兒因無錢交房租早已被逐出了住處。

當郭沫若經人指點，找到妻兒時，卻見兒子蓬頭垢面，妻子面容憔悴。郭沫若因此傷情，而作此詩。徐志摩恐怕無論如何都無法體會郭沫若那樣的情感。他出生優裕，無需為稻粱謀，哪能體會人世艱苦。但毫無親身體會的徐志摩不知哪裡來的勇氣，偏偏在這件事上，對郭沫若進行指點。

徐志摩缺乏同情的指點，著實把郭沫若傷得不輕，以至於郭沫若在這件事情上，一直沒能解開心結。直到十年後，他在寫《創造十年》時，仍然提起他的眼淚被徐志摩說成比女人的更不值錢。徐志摩的批評開罪了郭沫若，如此也等於得罪了創造社。創造社眾人與徐志摩計較的，可不是「淚浪」到底能不能「滔滔」這樣簡單的事。

一九二三年六月三日，《創造週報》上刊登了成仿吾的公開信。成仿吾在文中說，徐志摩你是個偽君子！你寫那文章的目的不為別的，只是為了攻擊沫若的詩，進而為了攻擊沫若的人格：

「我由你的文章，知道你的用意，全在攻擊沫若的那句詩，全在污辱沫若的人格。……你把詩的內容都記得那般清楚（比我還清楚），偏把作者的姓名故意不寫出，你自己才是假人。……我所最恨的是假人，我對於假人從來不客氣，所以我這回也不客氣把你的虛僞在這裡暴露了，使天下後世人知道誰是虛僞，誰是假人。」

此番言論，似乎並不是單純的文學討論，頗有人身攻擊的意味。成仿吾說徐志摩是僞君子，是因爲徐志摩在回國之初曾向創造社表達過入社的意願，但同時，徐志摩又與創造社的對頭胡適打得火熱。創造社原就對徐志摩兩邊討好的行爲不滿，而這次，徐志摩在文章中更是直言他曾與胡適討論過「淚浪」。這直接點著了創造社的火——徐志摩向創造社示好，卻又與胡適一起嘲笑郭沫若的詩。因此成仿吾才會說：「你（徐志摩）一方面虛與我們周旋，暗暗裡卻向我們射冷箭。」

可是，徐志摩哪有這番考量。雖說他心思單純，之前向創造社示好是眞心，批評郭沫若的詩也是誠懇，但他的做法難免有些草率，處世也少通了些人情世故，以為他把別人當朋友，就可以放心公開地批評；況且他腦子裡根本沒有團體、派別的概念，就這樣不知深淺地一腳趟（音ㄊㄤ，同「蹚」）進來，怎能不犯人忌諱？所以，就算徐志摩當眞只是就文學而論文學，別人恐怕也不這樣看。

當徐志摩回過神來，弄清事情緣由後，趕緊發文章解釋。於是，六月十日，徐志摩的《天下本無事》在《晨報副刊》上發表。他態度誠懇，言辭和緩，先安撫怒氣衝天的成仿吾：

「仿吾兄，你是位評論家，不是當面恭維，我認為你算得上國內見過文藝界大世面的人，你總該理解我說的話吧。我怎麼我評了一首詩的字句不妥，你就給我下那種相差不可衡量的斷語，說我是『污辱沫若人格』……難道我們說雪萊的一首詩幼稚，就等於說雪萊是幼稚的嗎？同樣，華茲華斯的詩有些是無聊的，但這並不影響到他在當時最偉大詩人的地位啊……」

再表達對郭沫若的欣賞：

「沫若兄，要是仿吾兄還有湖南人特有的那種狷急，我希望你的氣度要大些。如果你眞的相信我的話裡懷有惡意，我只能深深地道歉。但我相信你不會那樣的。如果你眞的，你就一斧子劈開我的腦子，也絕不會發現我有一星半點的不良用意的。……我只當沫若和旁人一樣，是人，不是聖賢，我不佩服『淚浪滔滔』這類句法，並不妨害我承認沫若在新文學界是最有建樹的一個人……」

文章寫得好，這態度也是十分恭敬。把郭沫若和雪萊、華茲華斯放在一起比，創造社想來也不會有意見。這公開信發表後，也就算徐志摩棄械投降，所以這場筆戰沒有眞正打起來。但值得一提的是，徐志摩在這場事件中，得罪的不止創造社，還有文學研究會。

還得從這次淚浪事件之前說起。徐志摩歸國之初，鄭振鐸等人發起成立的文學研究會與郭沫若等人的創造社，是文壇風頭最勁的兩大團體。當時雙方發生了一系列爭論，氣氛頗不融洽。「天眞單純」的徐志摩當時不知深淺，只想著結交社會精英才俊，因此與兩邊都有了接觸。如果僅是這樣也就罷了，壞就壞在，他在跟創造社示好時，曾給成仿吾寫過一封信，裡面有這麼一句：「雅典主義，手勢戲——我笑到今天還不曾喘過氣來，且看那位大主筆怎樣來答辯！」——「雅典主義，手勢戲」指的是茅盾的一處翻譯錯誤，「大主筆」正是文學研究會的鄭振鐸。

本來是私信，結果，「淚浪事件」中，成仿吾一氣之下將這信公開了。文學研究會的人看到徐志摩寫的這信，會作何感想，徐志摩不用想也知道。明裡示好，暗裡嘲笑，難怪會被成仿吾說成是「假人」。不過幸好，鄭振鐸那邊沒有追究。或許正因有這次事件，所有人們才會推測，徐志摩想辦「聚餐會」，或許也是因爲在這次事件中，他把創造社與文學研究會一併得罪了；同時他也感到，與創造社也好，與文學研究會也罷，風格總有些不相投的地方，所以只得自己組自己的團。

這次，創造社的火算是暫時滅了，事情也告一段落。但他那支筆，似乎除了用來寫好文章外，就是專門用來惹禍的。接下來，他又惹惱了魯迅。

志摩的音樂與魯迅的刀鋒

一九二四年冬天，「語絲社」成立，它的刊物《語絲》也隨即刊行。魯迅、周作人、林語堂、錢玄同、孫伏園、俞平伯、劉半農等，是它的主要撰稿人。這些名字，一下便爲《語絲》定了基調：反舊立新，針砭時弊，或莊或諧，簡潔明快。這風格怎麼看，都跟徐志摩挨不著邊。但是，「語絲社」辦刊相容並包，不拘一格。所以當徐志摩把他譯的一首波德賴爾的詩——《死屍》，以及一篇充滿了強烈神祕感的題記投給《語絲》時，《語絲》編輯還是將它刊登了。

這晚，魯迅睡不著，於是披衣點燈看《語絲》，看到了徐志摩的文章。單是那首譯詩還好，該死的是那題記中的一段話：

「我深信宇宙的底質，人生的底質，一切有形的事物與無形的思想的底質，只是音樂，絕妙的音樂！天上的星，水裡泅的乳白鴨，樹林裡冒的煙，朋友的信，戰場上的炮，墳堆裡的鬼磷（也作「鬼燐」），巷口那只石獅子，我昨夜的夢……無一不是音樂做成的，無一不是音樂。你就把我送進瘋人院去，我還是咬定牙齦認賬的。是的，都是音樂——莊周說的天籟地籟人籟：全是的。你聽不著就該怨你自己的耳輪太笨，或是皮粗，別怨我！」

徐志摩論的是音樂。廖輔叔在《樂苑談往》中曾說，徐志摩對音樂也頗有修養，因此文章中不時寫些與音樂有關的事來做幫襯。這文章倒是符合徐志摩一貫的浪漫主義風格，想像華麗，玄乎其玄。可這種誇張不落實地的語言，正是魯迅最不願嚼的。更何況，魯迅視《語絲》爲珍寶，豈容這種不實浮誇，態度居高臨下，漠視殘酷社會現實的文章在這裡出現？於是，他拿起筆，瞄準了徐志摩。只是這一次，他手下留情，一向寒光閃閃的投槍，換成了軟刀子。

魯迅只是調侃，說自己是個苦韌的非神祕主義者，所以無福聽到徐志摩的

「音樂」。接著，他模仿了徐志摩的筆調，神祕了一回：

「……慈悲而殘忍的金蒼蠅，展開馥鬱的安琪兒的黃翅，唵，頡利，彌縛諦彌諦，從荊芥蘿蔔玎琤淵洋的彤海裡起來。Br-rrr tatata tahi tal無終始的金剛石天堂的嬌嫋鬼茱萸，蘸著半分之一的北斗的藍血，將翠綠的懺悔寫在腐爛的鸚哥伯伯的狗肺上！你不懂麼？咄！吁，我將死矣！婀娜漣漪的天狼的香而穢惡的光明的利鏃，射中了塌鼻阿牛的妖豔光滑蓬鬆而冰冷的禿頭，一匹黯黮（ㄉㄢˇ）歡愉的瘦螳螂飛去了。哈，我不死矣！無終……婀娜漣漪的天狼的香而穢惡的光明的利鏃，射中了塌鼻阿牛的妖豔光滑蓬鬆而冰冷的禿頭，一匹黯黮歡愉的瘦螳螂飛去了。哈，我不死矣！無終……」

不愧是魯迅，想像之妙，言辭之綺麗不輸徐志摩。最後他說：「咦，玲瓏零星邦滂砰珉（ㄨㄣˊ）的小雀兒呵，你總依然是不管甚麼地方都飛到，而且照例來唧唧啾啾地叫，輕飄飄地跳麼？」顯然，這是告訴徐志摩這隻小雀兒，別在《語絲》這兒跳來跳去。這番戲謔譏諷著實嗆得徐志摩喘不過氣來。他算是徹底領教了魯迅的功夫，從此在《語絲》銷聲匿跡，甚至連辯解都沒有。可就算辯解，就算回擊，他徐志摩又哪裡是以辛辣諷刺見長的「語絲文體」的對手。

其實，徐志摩的那段「音樂」未必眞的犯了魯迅的多大忌諱。非說有，那或許是那句「你聽不著就該怨你自己的耳輪太笨，或是皮粗」，讓魯迅覺得徐志摩一副居高臨下姿態，自誇自賞；亦或許，是徐志摩把「戰場上的炮」，「墳堆裡的鬼磷」都當成了「音樂」，這讓魯迅覺得他是在冷眼旁觀殘酷現實，冷漠而殘忍。

徐志摩爲人，浪漫激盪於血液，理想超越現實。文如其人，所以他寫起文章來有時也確實浪漫得不著邊際。所以他的文章在當時的中國，顯得離人間煙火太遠。但僅就一篇味道不合自己口味的文章，魯迅眞有必要尖酸至此？徐志摩自己也納悶，他到底哪裡開罪了魯迅？於是，在給周作人的信中，徐志摩便委屈地說：「令兄魯迅先生脾氣不易捉摸……，聽說我與他雖則素昧平生，並且他似乎嘲弄我幾回我並不曾還口，但他對我還像是有什麼過不去似的，我眞不懂，惶惑極了。」

徐志摩的惶惑不是沒有理由，因為他與魯迅也曾和諧相處過。

一九二三年，魯迅《中國小說史略》出版，除了出售外，還留了一部分贈送朋友。贈送的對象中也包括徐志摩。徐志摩看過後覺得不錯，便寫信給英國的魏雷，說他的朋友最近寫了一本書不錯，打算買一本寄給魏雷。又是送書，又是以「朋友」相稱，看來，原本雙方有交情，可能不一定有多深，但也算有情分。所以，此番徐志摩無法理解魯迅的氣從哪裡來。

其實，魯迅不喜歡徐志摩的原因很簡單，他說了：「我不喜歡新詩……更不喜歡徐志摩那樣的詩，而他偏愛各處投稿，《語絲》一出版，他也就來了……我就做了一篇雜感，和他開一通玩笑，使他不能來，他也果然不來了。」魯迅不喜歡徐志摩那樣的詩，或許，更不喜歡他行事的風格。早在泰戈爾訪華時，魯迅就十分厭惡徐志摩對泰戈爾的極致吹捧。當時他就寫了文章諷刺。那次徐志摩同樣沒有還嘴。也許眞是徐志摩太天眞，即便魯迅已經給了他臉色看，但他還是毫無顧忌地往《語絲》投稿，於是便有了這次衝突。

人與人的矛盾，是行事風格之間的矛盾，亦是思想與思想的矛盾。趣味相投的人聚在一起，就好像協調的顏色搭配，用的人舒服，看的人也舒服；但魯迅與徐志摩，就像兩種不協調的顏色撞在一起，無論如何，只有彆扭。他們一個冷峻如冰，一個熱情似火。所以，魯迅容不了徐志摩，他握著投槍，一定會劃破徐志摩虛無的浪漫；徐志摩也受不了魯迅，他捧著鮮花，一定得避開魯迅的刀鋒。這次的衝突，被魯迅稱爲與徐志摩積仇的第一步。此後，徐志摩和他的新月社與魯迅之間，用筆打了不少戰。

自負的紳士氣

與魯迅相比，徐志摩似乎只會說些軟綿綿輕飄飄的話，但事實上，他不只會寫溫軟的情詩與文章。留學英國的經歷，讓徐志摩有機會從羅素那兒學來英國式的幽默諷刺，而他優裕的家境，又不可避免地在這種諷刺上添了一份自負。當徐志摩把這種諷刺與自負放在文章中，也著實能氣煞不少人。新劇家們就受了他的氣。

一九二三年，北京新明劇場演出哈姆雷特。這齣新劇的編導是鄭正秋，但他的劇本並非從莎士比亞的原文改編而來。根據陳大悲的說法，先是蘭姆將莎翁的戲寫成故事，然後古文大家林琴南從蘭姆那裡翻成古文，最後，鄭正秋又把林琴南譯的古文改成了新劇。不難想像，如此周折以後，那天新明劇場臺上的哈姆雷特與原版或許有出入。而這，便成爲徐志摩嘲諷與自炫的理由。他那次確實過分，後來，就連徐志摩自己都在文章中反省，他當年在看哈姆雷特時，態度自大。

當時，徐志摩看完哈姆雷特後覺得，那些人既沒到過外國，而且還只看了不完全的原著，所以，原本在英國人口中體面的莎士比亞，到了中國藝人這裡，卻顯得好笑。既然不精通英文，不懂莎士比亞，那藝人們就不配插嘴，只配扁著耳朵悉心地聽。說完這些譏諷新劇家的話，徐志摩還順帶把受劇情感動的觀衆也嘲笑了一番。

也許編導與演員的演繹確有不到位之處，但這無損於他們追求文藝革新的熱情；而受劇情感染而動情落淚的觀眾，又何罪之有？徐志摩此種心態也眞正刻薄高傲。

還是一九二三年。

那年四月，霍路會劇團來京演出《林肯》。徐志摩原以爲，這樣遠道而來的劇團要認眞上演一齣眞正的藝術劇，想來一定會大受歡迎。可事實讓他大失所望。梅蘭芳來了，姚玉芙來了，可偏偏大學生沒幾個。徐志摩受不了，於是寫了篇《得林克華德〈林肯〉》在《晨報副刊》上分四天連載，批評新劇界：

「除了女子高等師範學校有兩位學生在場外，北大、高師、美專、劇專諸大學的學生，連單個的代表都沒有。後來跟陳西瀅談了，陳說怕是學生嫌票價太貴。眞是不可思議——不錯，表面看來戲價似乎貴些。但憑著良心講，這樣遠道而來的劇團演這樣認眞的戲，要你們三兩塊錢的戲價，只要演的過得去，你能說太貴嗎？梅蘭芳賣一圓二毛，外加看座茶錢小賬，最無聊的坤角也要賣到八毛一塊錢，賈波林（即卓別林）的滑稽電影也要賣到一塊多——誰都不怨價貴，每演總是滿座而且各大學的學生都是最忠誠的主顧。偏是眞藝術戲劇的《林肯》，便值不得兩塊錢，你們就嫌貴，我眞懂不得這是什麼打算。」

徐志摩或許眞的不懂那些打算。當時的中國，政局紛亂，不是所有人都與他一樣，僅看到理想，就有心思進劇場看戲；也不是所有人都像他一樣，不用擔心家計，掏得起兩塊錢看戲。就算眞有心思也眞掏得起錢，不愛看就是不愛看，個人品位使然，又有誰規定大學生一定要看新劇的？又有誰能說大學生不看新劇就不進步了？

不過徐志摩也許只是痛心。五四以後，中國的新劇運動正進行得熱鬧，在徐志摩看來，這些推崇新劇的進步青年，偏偏忽視了這場眞正的藝術劇，實屬不該。他的批評或許帶著誠摯的情感，有話直言——這是他寫批評文章的一貫風格。但無論如何誠摯，言辭畢竟偏頗。最不該的，是他竟然在文中批評中國學校裡教莎士比亞的教師，十個有九個說不出莎士比亞的好。這話，無論怎麼看，都太過張狂。

所以，新劇家們坐不住了，回擊是必然。而就在這個當口上，徐志摩被抓了小辮子。五月六日，還是在新明劇院，徐志摩與朋友看北京女子高等師範學校學生演出的《娜拉》（指挪威劇作家亨利・易卜生的代表性作品：A Doll's House，譯爲《玩偶之家》，也譯爲《娜拉》），他中途退場。當時便有人對他們大張撻伐，說他們不懂《娜拉》反映出的女子人格問題，不知道戲劇與人生的關係，不配看《娜拉》這樣有價值的戲。

那天，跟徐志摩一塊兒看《娜拉》的是陳西瀅。面對外界指責，他先寫了文章回應。陳西瀅爲了證明他們退場的必然性以及對手指責的無聊程度，從劇場秩序混亂，說到新明劇院的構造不合乎聲學原理；從演出者太過業餘，說到「如果你痛斥沒看完《娜拉》的人不懂得人生問題，那簡直就是在罵易卜生不是一個偉大的藝術家。」

陳西瀅的文章寫得義憤塡膺，徐志摩的口氣倒是平和。他強調《娜拉》之所以不朽，不在於對手所說的所謂「人格」或「人生」，而在於這齣戲本身的藝術性，而他評價戲的標準，也只是把它當戲來評價，而不當它做宣傳某種主義的工具來評價。所以，新劇家們，你們就不要談什麼人格人生了。最末了，徐志摩主動與新劇家們講和：「勸被西瀅批評的諸君，不要鬧意氣，彼此都是同志，共同維持藝術的尊嚴與正義，是我們唯一的責任，此外什麼事我們都不妨相讓的。」

徐志摩的確不像陳西瀅那樣生氣。當然，你可以認爲徐志摩的平和，是因爲他此前並沒有看到對手們攻擊他的文章，所以不至於太生氣；你也可以認爲，徐志摩的平和是因爲陳西瀅的文章已然激憤，他爲避免招來更大的怨毒，所以只得平和一些。但實際上，徐志摩在他一生所經歷的文壇論戰中，大都平和。這與他的性格有關。況且，他從羅素那兒學來的不僅有諷刺，也有英國式的紳士風度。

這種風度，包含了文明、公正、平和、豁達、穩重與自由。所以，徐志摩在他參與的文壇爭論中，的確從未惡語傷人。雖然他的高傲自負，總招來非議與攻擊，但至少他能坦然地應對這些攻擊，對事的態度也大體公正。而他一旦認識了自己的錯，也能大方承認。就像在哈姆雷德一事上，事後徐志摩也大膽地揭瘡疤，說他作爲一個自命時新的人，骨子裡也時時有守舊甚至頑固的時候，所以得嚴防自大與虛榮。

然而，就是這種英國式的紳士風度，卻一直入不了魯迅的眼。他曾經譏諷這些紳士，說他們「頭上有各種旗幟，繡出各種好名稱：慈善家，學士，長者，青年，雅人，君子……頭下有各種外套，繡出各式好花樣：學問，道德，國粹，民意，邏輯，公義，東方文明……」魯迅不屑這樣的「正人君子」，所以，在不久的將來，魯迅用他冷光閃閃的匕首對準了新月派的紳士們，將他的第一次全方位大規模的論戰，獻給了新月社。

4

那場熱戀傾城

小曼是古城光豔的風景

她是上海中國畫院專業畫師，上海美術家協會會員；她諳昆曲，演皮黃（也叫平劇，京劇），一手文章氣韻天成；她的文學作品很少，幾篇散文，一首新詩，一個短篇，半部劇本，卻已有人稱其爲作家；她精通英、法文，三年外交翻譯生涯令她成爲中國第一位涉足外交領域的女性；她柔豔曼妙，是北京城裡最有名的交際花；她在胡適眼中，是北京城裡不可不看的一道風景；她的前夫王賡，人中俊傑，但她卻把風情交給了徐志摩；她是徐志摩情書中的「眉」，是他愛的「小龍」；她叫陸小曼。

據劉海粟回憶，他之所以去見陸小曼，只因聽了胡適的一句話。那是一九二五年春天，他正閒居北京。一天，胡適對他說：「海粟，你到北平來，應該見一個人，才不虛此行。……北京有名的王太太。你到了北平，不見王太太，等於沒到過北平。」作爲藝術青年，劉海粟對見這位不得不見的王太太充滿了羅曼蒂克式的想像，於是他刮淨了鬍子，換了衣裳便隨胡適去了。劉海粟沒有後悔去見王太太。第一眼，他便覺得她美豔絕倫，光彩照人。那時劉海粟才知道，站在他面前的這位王太太，正是蜚聲北京社交界的陸小曼。

初見的直覺，讓劉海粟覺得，像陸小曼這樣的女子應該會些丹青。果然，在胡適爲他們作了介紹後，陸小曼便對劉海粟說，她曾學過繪畫，希望能得到劉海粟的指點。胡適也在一旁慫恿：「海粟，你應該收這位女弟子。」陸小曼笑了，銀鈴樣的笑聲竟讓年輕的畫家有些不安：「如果劉先生肯收，我就叩頭了！」就這樣，陸小曼成了劉海粟的弟子。

就在劉海粟與胡適剛到不久，徐志摩便匆匆趕來。他微笑著與陸小曼打了招呼後，便待在一旁不說話。一整天下來，徐志摩全用自己的眼神來表達意見，很少開口。劉海粟覺得奇怪，志摩平時健談得很，怎麼今天卻也拙於言辭？難道是被這位王太太的睿智與辯才懾服了不成？

陸小曼對新拜的先生很是敬重。她拿出自己的許多字畫來給他看，要他批評。劉海粟看了以後對她說：「你的才氣，可以在畫中看到有韻味，感覺很好。有藝術家的氣質。但筆力還不夠老練，要堅持畫下去，一定能成爲一個好畫家。」聽了這番話，徐志摩按捺不住心中的喜悅，一把握住劉海粟的手說：「海粟，你眞有眼力！」這一下，劉海粟更是不解，心頭暗忖，小曼聽了讚美都還沉靜呢，你激動什麼？

大約半年後，劉海粟總算解了這個疑惑。那時，整個北京社交界都在瘋傳：有夫之婦陸小曼搭上了離婚男人徐志摩。這時的劉海粟回想起那次見面時徐陸二人眉目間的神色，才恍然明白：早在那時，徐志摩與陸小曼已難捨難分了。只是他沒想到，自己後來竟也能在這段風月情事中，占得不大不小的一席。

劉海粟還記得，那是一九二五年九月上海，徐志摩剛從歐洲回來兩個月。一天，他帶著一張滿是心事的臉來找自己。徐志摩的眼裡有悲，有喜，閃著光，那裡有千言萬語，只是一時無從說起。虧得劉海粟聰明，直直便問：「你和小曼相愛多久了？」

徐志摩稍鎭定了心緒，便說：「我們已經不能自拔了。我曾幾次很想忘掉她，但已經忘不掉了……你得幫我……」

劉海粟這才知道，那時徐志摩與小曼相識不過兩年，但他們感情卻早已站在命運的路口，彷徨。

通常的說法是，徐志摩與陸小曼相識於一九二三年。那時，他與張幼儀的離婚協議書上還有餘溫，他的靈魂還帶著因失去林徽因而留下的淚痕。而恰恰就在徐志摩的心，空洞成一片荒涼時，陸小曼眩了他的眼。

或許你會說，黑白老照片裡的陸小曼平凡得很，那樣的容貌實在撐不起「一代佳人」的帽子。今人看陸小曼，只是從照片裡，但眞正見過陸小曼的人都說，照片中的影像遠遠不足以描摹陸小曼的風致。都說她本人極美，起立坐臥都是風度。在那樣一個聚集了無數紳士名媛的北京城裡，陸小曼的行止舉動可以讓無數人神迷。先不論別的，單說她跳舞。

陸小曼是跳舞高手，據說要是哪一天的舞池中沒有她的倩影，「幾乎闔座爲之不快。」而只要她在，「中外男賓固然爲之傾倒，就是中外女賓，好像看了她也目眩神迷，欲與一言以爲快。」（磊庵《徐志摩與陸小曼豔史》）

徐志摩最初與陸小曼結識，只因她是友人王賡的妻子而接觸交往。回國之初，除志摩認識了王賡。同是梁任公的學生，認識起來定然不費力，既然是同門的妻子，認識陸小曼也是自然。況且，整個北京社交界，又有誰不知道陸小曼？所以，當初陸小曼最先吸引徐志摩的地方，也只不過是她頭頂上「一代佳人」的名號而已。可漸漸地，徐志摩發現，陸小曼的那些名聲絕不是單靠交際手腕博得，她是眞正的大家閨秀。

陸小曼是美，可那不是面上的妖媚，而是從骨子裡透出的風韻。或許是因出身名門，陸小曼的氣質中，帶著東方女性的端莊嫻雅。那番氣韻，籠著珍珠樣的光澤。如果你以爲陸小曼作爲一代交際名媛，定然愛些豔麗的裝扮，那就錯了，其實她並不特別打扮自己。陸小曼不愛豔麗的衣裳，總是選擇淡色的服裝，就連髮式也永遠是清麗的直髮，或是紮成小辮，或是攏（ㄌㄨㄥˇ）在耳後，雅致俏麗。說她淑女貞靜，並不爲過。你聽徐志摩怎麼說，他說一件藍布袍，就能讓陸小曼眉間帶上特異的光彩。他在日記裡寫著：「我愛你樸素，不愛你奢華……你穿戴齊整的時候當然是好看，但那好看是尋常的，人人都認得的，素服時的眉，有我獨到的領略。」

陸小曼確是獨到。你別說這北京城裡名媛無數，她們也個頂個兒的漂亮，有才氣，但陸小曼的才華卻不一般。就是她這樣一個容光明媚，體態輕盈，顛倒衆生的女子，才情與她的身姿一樣曼妙。

陸家是江蘇常州的望族，世代書香。家學淵源，讓陸小曼自小便養成了深厚的古文功底，寫起舊詩來，婉約，清新，不飾雕琢，時人評價她的文風頗有明清風度。她人生得美，畫起畫來也是美。劉海粟後來評價陸小曼的畫，說她的工筆花卉和淡墨山水，頗見宋人院本的傳統。陸小曼不但通曉傳統國學，西學功底也不差。十八歲前，她就讀得許多英法原版書，說起英文、法文來，也是優雅流暢，有時竟也如同說起中文時，不乏連連妙語。

在新文化運動蓬勃的年代，陸小曼已然成爲時髦的代名詞。與她在一起，你不必問可以與她聊些什麼，單看你想與她聊什麼。這樣的陸小曼，似乎生來便是爲了讓世上的男男女女爲之神迷。若說徐志摩被她吸引不足爲奇，那麼，也許就連當事人自己也說不清，究竟是什麼力量的牽引，使得他們的戀情如風暴般猛烈地發展。要知道，陸小曼當時已是羅敷有婦，她的丈夫王賡，陸軍少校，一時才俊，論人才品貌並不輸徐志摩。況且，徐志摩與王賡同是梁啓超的門生，朋友之妻，徐志摩怎麼就眞的這樣不客氣？

但或許，陸小曼的這個丈夫，正是那股力量的來源之一。

愛是寂寞的玩笑

王賡，也是不一般的人物。他能被梁啓超相中做弟子，能進美國普林斯頓大學與西點軍校，想必也是才華橫溢，亦可稱得上學貫中西。當時他任職外交部，一九一九年巴黎和會期間，也曾是中國代表團的上校武官，回國後任航空局委員，前程大好，一時俊彥。這也就難怪陸小曼的父親，會從追在女兒身後的無數權貴士子中，一眼便挑中他。或許是怕乘龍快婿被人搶了去，陸父在相中了王賡後，不過一個月，就急急地把十九歲的女兒嫁了過去。

一樣的父母之命媒妁之言，陸小曼同樣逃不了那個時代的禮制。這一嫁，陸小曼彷彿坐在雲端裡，性靈迷糊竟和稚童一般來不及反應。慢慢地，新婚的新鮮勁兒過去，陸小曼發現這位傑出的青年，日子過得就跟在軍隊裡一般無二：星期一到星期六上午，工作，杜絕一切玩樂；星期六下午到星期日全天，玩樂，拒絕一切工作。

試想，此時的陸小曼早已名動京城，跳舞、聚會、出遊，都是她信手拈來的快活。那種在王賡看來合情合理的規律生活，在陸小曼看來，定然刻板得悶。其實，王賡並不是不愛小曼。他年紀大陸小曼不少，對她是盡了心地寵著，護著。但是，女人，尤其是陸小曼這樣柔豔如三月春花的女人，你除了要護著外，還得懂溫情，有情趣。這樣她才會滿意，才能開得嬌俏。只可惜，王賡不會。他寵愛有餘，而溫情不足。磊庵曾在他的《徐志摩與陸小曼豔史》中這樣評價王賡：「這位多才多藝的新郎，雖然學貫中西，而與女人的應付，完全是一個門外漢，他娶到了這個如花似玉的漂亮太太，還是一天到晚手不釋卷，並不能分些工夫去溫存溫存。」

王賡是個好人，如果與他結婚的是別人，那他或許是個好丈夫，可惜他的妻子是陸小曼。他不懂小曼，他不瞭解小曼的風情與志趣所在，給不了小曼要的那種體貼，更給不了她想要的熱情與生活，所以陸小曼與他在一起，並不開心。她最終明白，王賡並不是適合自己的丈夫，「兩性的結合不是可以隨便聽憑別人安排的，在性情和思想上不能相謀而勉強結合是人世間最痛苦的一件事。」可是，陸小曼天性中的「嬌慢」讓她寧願將自己的意志壓抑，也不想讓人看見自己正在受苦。於是，她硬著脖子，埋在衆人豔羨的眼光裡，忽略內心痛苦的呼號。

直到，她認識了徐志摩。

與棋盤一樣規整齊劃的王賡不同，徐志摩是跳盪的溪水，歡快而靈動。徐志摩自小就比別人活潑。郁達夫曾這樣回憶徐志摩。他說，徐志摩還在杭州府中的時候，就總喜歡「和這個那個鬧鬧，結果卻終於會出其不意地做出一件很輕快很可笑很奇特的事情來吸引大家的注意的。」待到徐志摩遊歷了歐美後，與歐洲名士的結交經驗，更是讓他長成了一個長於社交的人。

就好像與陸小曼在舞池中的光彩呼應一般，徐志摩在交際場上，同樣也是個點睛般的人物。你可以在文人學者的座談上找到他，也可以在達官麗姝的聚會中見到他。無論在哪裡，只要他清亮的，帶著一點硤石口音的嗓音一響，在座的人無論心神如何不快，都自然地被他聲調中的快樂所感染，一切煩心的事，便同化在他的熱情與歡快裡，不見了蹤影。

徐志摩所具有的生活情趣，想來王賡也定然不及。徐志摩喜歡跳舞，愛看戲自己也演戲；他樂與名人雅士遊山逛水，山水間還能與人討論些人生哲學、生活藝術；他會抽煙也能喝酒，但卻不是癮君子；他愛漂亮女人，欣賞她們，讚美她們，追逐她們，雖也涉足花叢，卻從不沉溺其中，浪漫而不頹靡……如此徐志摩，女人哪有不愛的道理。相傳，當年曾有名門淑女因仰慕他而相思成災，還差點鬧出了人命。於是徐志摩便多了個「大衆情人」的封號。

結識了王賡與陸小曼，徐志摩常常往王家跑，約夫婦倆看京戲，到六國飯店跳舞，去今雨軒喝茶，往西山遊玩。陸小曼自然樂意加入，但王賡有些犯難（即爲難）。最初，礙於同門情誼，加之他又極欣賞這位才華橫溢的詩人，因此徐志摩相激，他也常抽空一起去玩。可徐志摩來找他與小曼，才不會管什麼假日不假日，只要興起，一準兒到王家報導。久而久之，王賡心疼起那些耗在遊山玩水，舞池玩樂上的時間，於是，只能對徐志摩說：「叫小曼陪你去吧，我太忙，我不去……」他也會對妻子說：「對不起，讓志摩陪你去玩，我忙……」

不難想見，王賡為人冷靜、理智，是個事業心重的人。當然，徐志摩也並不是遊手好閒的紈褲子弟。他一樣有事業心，胸中一樣埋著理想的火苗。只是，他與王賡相比，更懂得如何享受生活，而不願輕易辜負生命賦予的意義，所以他浪漫，也熱烈，對生命有火一樣的激情，彷彿不將人間燒成一片赤地就不甘休。就好像他還在康橋求學時，曾有一次在狂暴的風雨裡等待，渾身澆了個透，只為了捕捉一道雨後虹。

這便是他對生活的激情，帶著不顧一切的執著與決絕，多大的風雨也澆不滅。他的生活宗旨，一向帶著他所推崇的西方人的入世方式，是一種把「熱乎乎的一個身子一個心放進生活的軋床去，不叫它留存半點汁水回去；非到山窮水盡的時候，決不肯認輸、退後、收下旗幟……」

所以，當徐志摩帶著他的熱烈與愛情面對面時，便堅持：「眞愛不是罪（就怕愛不眞，做到眞的絕對義才做到愛字）在必要時我們得以身殉，與烈士們愛國，宗教家殉道，同是一個意思。」是的，徐志摩便是這樣將愛情視作宗教，願爲之身死的人。

因此我們便能想見，浪漫熱烈如徐志摩，遇見了陸小曼，那是一場勝卻多少人間至景的絕代相逢。一個是浪漫的彩虹，熱烈多情；一個是美的光芒，輕盈娉婷。四目相接，眼波一抹驚鴻，如春風吹開三月桃花，便是人間最美的風景。可若僅僅是這樣，徐志摩與陸小曼的愛，或許會少一些。但偏偏那股讓他們陷入熱戀濃情的力量裡，還有他們爲彼此點亮的精神的需要。正是這一點，讓他們義無反顧地一起投向了愛情。

「愛的生活也不能純粹靠感情，彼此的瞭解是不可少的……最高的瞭解是靈魂的化合，那是愛的圓滿功德。」徐志摩深信他與陸小曼——他的眉，能因對方而讓彼此的靈魂走向圓滿。因爲他們瞭解對方，因爲他們趣味相投。同是文學與藝術浸染下的靈魂，每一次交流都是生命的愉悅。不單如此，徐志摩懂陸小曼。

他知道，陸小曼正壓抑著自己的心性，所以他勸她，做一個「眞」的自己，教她「自埋自身是不應該的」。徐志摩在對陸小曼說著這樣的話時，想來眼睛裡正射出燦爛的神輝，照徹了陸小曼的肺腑。

眞正的情場高手會明白，抓住女人的心，從來不必使太大的力氣在別的地方，只要你能眞正懂她，懂得她心裡那一點從不願爲別人說的情緒，那你便抓住了她的心軟。那一點情感的觸碰，會卸下她所有的心防。徐志摩或許不是特別的情場高手，但他天性中的浪漫與熱烈，令他比其他人更懂女人，最重要的是，他比王賡懂陸小曼。所以，當王賡在他日日刻板的生活行軌中，將陸小曼推給他時，他眞摯地勸著陸小曼不必再自欺欺人地在時光中偷活。這，便是在陸小曼的心上拉了一把，把她拉向了自己。於是，陸小曼的生活轉了方向，心也轉了方向。

他們跌入了戀愛。

徐志摩因有了陸小曼，而宛若新生。這是愛情的力量。有人說，如果無法忘記一個人，是因為時間不夠久，新歡不夠好。可是，一個好的新歡或許比時間更能治癒心傷。此時的徐志摩失去林徽因不過一年半而已，但多虧了陸小曼這個新人夠好，於是，他這朵本無處著地的雪花，才能那樣快地擺脫情感的迷茫，認清自己的方向。現在，他可以「盈盈的，沾住了她的衣襟，貼近她柔波似的心胸——消溶，消溶，消溶——溶入了她柔波似的心胸！」多麼甜蜜溫柔。情人的撫慰，融融的，暖了他的胸。這就是愛情。

也許是上天有意，就在徐志摩與陸小曼頻繁往來的時候，王賡被調往哈爾濱任員警廳廳長。原本就是志趣相投的人，再得了這樣好的機緣，這一天天的，感情哪有不濃起來的道理？於是，徐志摩與陸小曼的愛，開始肆意地放縱，彷彿這世上再沒有其他人存在似的，情濃得再也化不開。

陸小曼像是一道光照進了他原來灰暗的靈府，點亮了他的心火。原本在情人間最平常不過的調笑，也能激發詩人最澎湃的詩潮。不過是玩笑間，陸小曼嬌嗔吐出一個「疼」字，在徐志摩的詩裡，都是濃情帶著纏綿：「那『疼』，一個精圓的半吐，在舌尖上溜——轉。一雙眼也在說話，睛光裡漾起心泉的祕密。」

那怎麼也看不夠的愛人，當然也得用筆寫下，記錄她是徐志摩的眉：你看她郊遊時，快活逍遙：「一閃光豔，你已縱過了水，腳點地時那輕，一身的笑。像柳絲，腰娜在俏麗的搖……」你看她安睡時，一樣美麗嬌豔，就像「星光下一朵斜欹（ㄑㄧ，傾斜）的白蓮……香爐裡嫋起一縷碧螺煙……三春的顏色移上了她的香肌，是玫瑰，是月季，是朝陽裡的水仙，鮮妍，芳菲！」

徐志摩在陸小曼流動的生命裡起了一座愛牆，在那裡，他的愛純鋼似的強，「任憑秋風吹盡滿園的黃葉，任憑白蟻蛀爛千年的畫壁；就使有一天霹靂翻了宇宙，——也震不翻你我『愛牆』內的自由！」用浪漫情詩說出的愛的誓言，如此執著而堅強。

這是愛。世事輪轉，年復一年。相同的日升月落，因爲身邊有你在而變得獨特。你是一切靈感的源泉，生命也便因此而豐富生動。愛你，等於愛著自己的生命。於是，石虎胡同七號新月社裡，「翡冷翠的一夜」後，兩人私訂了終身。從此，徐志摩變得什麼也不要了，陸小曼已經給了他「完全的甜蜜的高貴的愛情」。在那裡，他「享受了無上的心與靈的平安」，但這平安享得太早。

這對才子佳人，在當時都是風流的人物，本就活在衆人眼底，一點風吹草動都能引起話題，更何況他們的交往，已然熱烈到盲目，忘記了遮擋。於是，陸小曼的母親知道了。任你多開明，任外頭的新潮、解放已經吵得有多凶，但已婚的女兒與人私通，在哪個做父母的眼裡，不是一件有辱家風的事？放著好日子不過，什麼精神不精神，都是外國小說上的行爲，在長輩眼裡，都是無謂的話。因此陸家家長禁止了徐志摩與陸小曼的往來。

原本徐志摩得著陸家長輩的寵愛，在陸家進出自如，但這下，他幾次去找陸小曼，勃勃的興致都被守門的僕役兜頭澆了涼水。無奈，只好學舊戲文中的情形，賄賂了擋駕的門人。使了這一手，門就打開了縫。可幾次下來，門人的胃口卻越來越大，一次竟要了徐志摩五百元。但這不是最令情侶頭疼的地方，更頭疼的是，陸家的丫環們，總是糾纏。她們甚至將徐志摩送給小曼的香水，名貴飾物，乃至書信都扣下……可憐陸小曼雖然心裡清楚，卻也說不得。

漸漸地，整個北京城知道了。這段風流韻事被人嚼成了渣。最後，王賡也知道了。被自己信賴的兄弟扣上了綠帽子，這怨與恨，凡是個男人都吞不下，更何況王賡是個軍人，自有軍人的硬脾氣。聽說，他爲此事摔了槍。那時的王賡正在孫傳芳的五省聯軍司令部裡任參謀長，按說北洋軍閥統治下，王賡身居這樣的職位，舉起槍對著徐志摩扣動扳機洩憤，於公於私外人都無法多說一句。但他沒有這樣做，畢竟也是儒將。不對徐志摩喊殺，站在王賡的角度看，便是極大的風度。也正是這風度，足以讓徐志摩愧得避開。

歐遊漫錄，愛的療傷

「龍龍：

離別當然是你今晚縱酒的大原因，我先前只怪我自己不留意，害你吃成這樣，但轉想你的苦，分明不全是酒醉的苦……」

離別，是因徐志摩要去歐洲。

一個月前，徐志摩接到恩厚之從南美寄的來信，說是泰戈爾正想他想得厲害，希望能跟他在義大利見上一面。泰戈爾想他想得緊，可徐志摩此時正為了他與陸小曼的愛情肝腸寸斷，絕不想離開北京。但他還是回了信，告訴他最親愛的老戈爹，自己雖然不願意離開北京，但一想到老戈爹病了，想他了，就禁不住眼中蘊淚，坐立不安。於是，他決定，無論如何一定要在三月裡跟老爹見上一面。

他在這個當口走，雖說是應泰翁邀請赴歐，可明眼人一看便知，徐志摩多半是藉這次離開，避避與陸小曼情事的風頭。

大多時候，感情沒有理智與道理可言。徐志摩與陸小曼的愛情，在情感上或許能為人所理解，但在道德上，他們著實理虧。那還是二十世紀的二〇年代，舊道德容不得他們。即便在今天，新道德無論再怎樣提倡開放，也無法原諒他們。徐志摩面對輿論，或許還能倚仗著他的理想與激情挺胸面對，但王賡，他要如何面對？無論自己眼裡的愛情有多高貴，理想有多純潔，他，徐志摩總歸奪了兄弟妻。

所以，你可以說他的離開，是為了逃。逃開一時之間的滿城風雨，逃開王賡；你也可以說，這是他的自罰，就如他自己所說，這是一次「自願的充軍」；

你或許還可以說，他是爲了沉澱自己的情感，理清自己的思緒，細想與陸小曼的情感出路。無論如何，徐志摩打算離開了。

一九二五年三月九日晚，酒宴，餞行。

新月社的朋友們在場，陸小曼出席，王賡也出席。這不是一去不回的旅程，但因感情的波折，這酒吃得反倒像是爲了一次永訣。陸小曼大醉，連叫著：「我不是醉，我只是難受，只是心裡苦。」小曼苦，徐志摩也苦。他想抱著他的眉，讓她安穩，讓她舒服，可是王賡在，所以，他只能站在一旁看，輪不到他來疼他來愛，而只能揪著心，咬緊牙關替陸小曼熬著。好不容易，人群散去，他含淚，把愛恨情癡寫在紙上：

> 「我的肝腸寸寸的斷了，今晚再不好好的給你一封信，再不把我的心給你，我就不配愛你，就不配受你的愛……我現在不願別的，只願我伴著你一同吃苦……

我只能在旁邊站著看，我稍微的一幫助就受人干涉，意思說『不勞費心，這不關你的事，請你早去休息吧，她不用你管』！……

……憤，慨，恨，急的各種情緒就像潮水似的湧上了胸頭；那時我就覺得什麼都不怕，勇氣像天一般的高，只要你一句話出口什麼事我都幹。……

我人雖走，我的心不離開你，要知道在我與你的中間有的是無形的精神線，彼此的悲歡喜怒此後是會相通的，你信不信……」

信的最後，他不忘囑咐陸小曼等他回來。他說，「只要你決意等我，回來時一定使你滿意歡喜。天下沒有不可能的事——只要你有信心，有勇氣，腔子裡有熱血，靈魂裡有眞愛。」這信一寫，便寫了整整一夜。

從信上看，徐志摩似乎對他與陸小曼的事情有了解決的方法，以至於「回來時一定使你滿意歡喜」。但現實中，徐志摩看起來並沒有明顯的舉動。他只是一邊周遊，一邊等著與泰戈爾會合。不但如此，他這次歐洲之旅，倒像是專程爲了做清明去的。

在寫給《現代評論》的通訊中，徐志摩說：「我不僅上知名的或與我有關係的墳……我每過不知名的墓園也往往進去留連，那時情緒不定是傷悲，不定是感觸，有風聽風，在塊塊的墓碑間且自徘徊，等到斜陽淡了再計較回家。」

過莫斯科，他憑弔了克魯鮑特金、契訶夫，瞻仰了列寧遺容；到佛羅倫斯，他去了但丁、勃朗寧太太、米開朗基羅的墳；在羅馬，他拜謁了雪萊、濟慈；等到了巴黎，他不但去了伏爾泰、盧梭、小仲馬、雨果、波特賴爾、曼殊斐爾的墓前，還哭拜了茶花女、卡門。

憑弔是將精神的迷茫託付理想的偶像。徐志摩帶著一顆惶惶的心來，因爲道德與理想的拉扯，人情與現實的殘酷，一切都在危及他的信念。在出國前，三月四日，他寫給陸小曼一封信，第一句話便是：「你知道我這次想出去也不是十二分心願的，假定老翁的信早六個星期來時，我一定絕無顧戀的想法走了完事……」可見，他想過放棄，但或許是幸運，泰戈爾的信晚了六個星期才來。

既然機緣不許他放棄，那便只有堅持。尋訪偉人，便是爲了給自己的意念注入堅定的心血。雪萊、濟慈、伏爾泰、盧梭、曼殊斐爾，都曾在他心裡種下浪漫與激情。現在，他重來探訪，靜靜凝望，幽幽冥想。一次次瞻仰英靈，一次次緬懷這些癡男怨女的愛與癡，亦是在回望他曾有過的理想，堅定他現在懷抱的追求。或許就在這墓園裡聽風的時候，生者的信仰與死者的理想再一次地產生了共鳴。

自己的理想堅定了，就盼愛人的想法與他一樣。但他與陸小曼中間隔著遠遠的距離，她的身邊還有家人跟朋友在干擾她，所以他生怕愛人忘了自己，於是便寫信對她說：「你不能忘我，愛，你忘了我，我的天地都昏黑了。」他必須鼓勵他的愛人，讓她明白，他們之間的眞愛「一定有力量打破一切的阻礙，即使得渡過死的海」。

可有時，陸小曼捎來的信中，總透著絕望的語氣。這對徐志摩而言，無異於一把殺人的刀。但他不能退卻，他必須鼓舞她，給她勇氣。「能勇就是成功，要大拋棄才有大收成，大犧牲的決心是進愛境唯一的通道。」還有些時候，陸小曼免不了因顧念家人的情感，而顯得軟弱。這時，他得堅定愛人的信念，讓她拋卻婦人之仁：「你說老太太的『面子』……我不知道要殺滅多少性靈，流多少人的血，爲要保全她的面子！……這是什麼時代，我們再不能讓社會拿我們的血肉去祭迷信！」他告訴陸小曼，他們兩人的命運，就在於她的決定，而她決定的日子，就是他們的理想成功的日子。

一封封信，連連地發，縱使隔著半個地球，他也沒有忘記讓自己的精神與陸小曼站在一起，肩並肩地對抗那些因循守舊的人群與制度。這是一場與命運之神的戰鬥，也正是在這場戰鬥中，徐志摩知得，他的小兒子徐德生夭折了。

那是三月二十六日，他抵達柏林，去見了張幼儀。三年，這是徐志摩與她離婚後，第一次見到她。他來見幼儀，也是來見小兒子德生，卻不料，幼儀掛著兩行淚在等他，而三歲的幼子只剩了一撮冷灰，靜靜躺在小小的盒裡。

這才是他眞正要做的清明。

孩子生前，徐志摩僅見過他一面。那是在與幼儀簽署離婚協定那天，他們剛放下筆就到醫院去看孩子。小小的生命，軟軟地躺著，瑩潤的肌膚閃著生的希望，正等待著未來。徐志摩那時貼著玻璃癡癡看了好久。可那一見之後，他再也沒有見過自己的孩子，只是通過他母親的信，才知道他長高了，長得像極了自己；知道他人見人愛；知道他極有音樂天賦，三歲大就喜歡聽貝多芬與瓦格；知道他睡前一定要抱著小提琴才能入睡……

如果他能長大，必定漂亮，或許能成爲另一個莫札特。他承了父親的性靈，母親的堅忍，會是天底下最出色的孩子。也許是上天後悔將這樣完美的品性賦予一個凡人，所以將他的性命折損。徐志摩捧著孩子的骨灰盒不斷地掉眼淚，這淚裡有傷痛，有愧疚，有對命運無常的哀嘆：

「彼得（徐德生乳名彼得），可愛的小彼得，我『算是』你的父親，但想起我做父親的往跡，我心頭便湧起了不少的感想；我的話你是永遠聽不著了，但我想藉這悼念你的機會，稍稍疏泄我的積愫……是怨，是恨，是懺悔，是悵惘？對著這不完全，不如意的人生，誰沒有怨，誰沒有恨，誰沒有悵惘？除了天生顢頇的，誰不曾在他生命的經途中──葛德說的──和著悲哀吞他的飯，誰不曾擁著半夜的孤衾飲泣？我們應得感謝上蒼的是他不可度量的心裁，不但在生物的境界中他創造了不可計數的種類，就這悲哀的人生也是因人差異，各各不同，——同是一個碎心，卻沒有同樣的碎痕，同是一滴眼淚，卻難尋同樣的淚晶……」

或許徐志摩此時能想起，這個從自己血肉與性靈中生生分裂出的靈魂，在他甫未出世時，曾遭到自己怎樣的詛咒。他在生命的最初，沒有得到父親的祝福。沒有福緣的幼子，就這樣離開。徐志摩初次明明白白地感受到，曾經眞的有一點血肉從自己的生命裡分出，可惜遲了。遲到的慈愛甘液，無法滋潤一株已然萎折的鮮花。他給陸小曼寫了一封信，傾訴了自己的悲切，還在信裡附了小彼得的照片，讓小曼幫他珍藏。而他似乎也深切體驗了生命無常之後，將那份永遠無法對愛子表達的情誼，全都轉給了陸小曼。

徐志摩對陸小曼的情意，日復一日地濃烈。他每天都在等陸小曼來的信。等不到，就彷彿被幾百斤的石頭壓住了心，心口火熱，身體冰涼，說不出的難受；只有等到了信，他才有了安慰。所以，每一次通信，他都迫切地，不厭其煩表達自己的愛意與決心，他信中的一字一句都在鼓舞他的眉。徐志摩實現了離開前的諾言，「我人雖走，我的心不離開你。」

小曼的掙扎

當徐志摩在海外惆悵的時候，陸小曼正在閨中呻吟。當別人做著濃濃的夢時，她靜悄悄地坐在書桌前，聽著街上的一聲兩聲的打更聲，聽著風漏過樹枝，冷冷清清待坐著。坐到最後，惆悵得只得去尋夢，夢裡徐志摩沒有走。在那裡他們能自由做想做的事情，沒有旁人誹謗，沒有父母干涉。她悔，悔她當初不該勸徐志摩離開，她也恨，恨自己沒勇氣，總是顧著別人的閒話生活。

在這場戀愛中，陸小曼並非毫無顧忌。很久以後，當陸小曼回想起這場疾風驟雨般的熱戀時，她還清晰地記得那份，跟隨著戀愛一起到來的煩惱與痛苦。她很清楚，她與徐志摩的愛，得不到家庭的諒解，更得不到社會的諒解。至少，在她還沒有離婚，還是「王太太」之前，她就得背負自己的恥辱與家門的恥辱；她更清楚，她投進徐志摩生命中的愛，極有可能不但不能給他幸福，反而壞了他的一生。所以，當初勸說徐志摩應泰翁邀請出國的人中，除了朋友，也有她。

讓他走吧，約好了彼此再不通信，讓他到外頭去洗一洗腦，藉一次短暫的分別，讓這段因緣暫告一段落，讓各自的生活都變回原來的方向。因此，她對徐志摩說：「你還是去走那比較容易一點的舊路吧，那一條路你本來已經開闢得快成形了，爲什麼又半路中斷付出呢？前面又不是絕對沒有希望，你不妨再去走走看……我很願意你能得著你最初的戀愛，我願意你快樂，因爲你的快樂就和我的一樣……」

這是不是眞心話？徐志摩若眞的得著「最初的戀愛」，陸小曼會快樂麼？也許，她會繼續將自己埋在熱鬧的交際場裡，豔羨著別人的快樂，快樂著別人的快樂。情人總是嘴裡硬著，心裡軟綿綿的。否則，信不過遲來了幾天，她怎麼坐立不安，無理由地心跳，又怎麼會胡思亂想，他是不是當眞實踐了分別時的承諾，再不寫信來了？

怎麼可能不通信？徐志摩的信，還是一封封地發來了。幾乎是每到一站，便給他親愛的眉寫信，告訴她沿途的風光，告訴她新鮮的事物，告訴她自己無時無刻不在念著她。

徐志摩的愛情，就這樣隔著遠遠的大洋，穿透薄薄的信箋，烘烤著她日日冰涼的心。甚至在她自認失敗，決定隨命運漂流，任由他人擺布的時候，徐志摩摯誠的情感，也一再地擊碎她逃避的計畫。她或許想不到，那個以浪漫著稱的詩人，竟也能激昂如此，他說：

「來！我的愛，我們手裡有刀，斬斷了這把亂絲再說話。——要不然，我們怎對得起給我們靈魂的上帝！是的，曼，我已經決定了，跳入油鍋，上火焰山，我也得把我愛你潔淨的靈魂與潔淨的身子拉出來……」

其實，她並沒有少跟家人爭論，沒少跟王賡鬧。她為了愛情，決定要「拚命幹一下的好」。做人為什麼不轟轟烈烈做一番呢？她爭取了，鬧了。鬧完了，就回房間倒頭便哭。本就是個病美人，這樣一來身體每下愈況。況且，她的應酬多得躲也躲不掉，每天拿著自己千瘡百孔的身子應付別人，在精神上苦到極處，卻沒人知道。有時候，她會覺得，若是日子再這麼熬下去，身體就再也擔不起這樣的愁苦，或許等不到徐志摩，這日子便要過完了。

畢竟，她不過是獨自一人面對眾人，徐志摩的精神支持再大，也無法解決眼前的實際。那天，母親丟給她一封信。那是徐志摩寫給母親的，信中透著稚兒般的真誠，婉轉地勸導著母親。可是他哪裡知道，那些「明珠似的話好似跌入了沒底的深淵」，那些可憐的求告，絲毫打動不了母親滑石一樣硬的心腸。所以，她只能將日子一天天拖下去，直到有一天，她再也無法拖延，陸家收到了王賡的最後通牒。當時王賡在上海公幹（辦理公事），他給陸家寫了一封信，那嚴肅的語氣在陸小曼看來，像極了對下屬的命令：「如念夫妻之情，立刻南下團聚。」

父母要她立刻做決定，逼著她必須一個星期內動身去上海。她苦思了一宿，一清早便去爭鬧。她勇氣百倍，預備拿性命來碰。可是，她大敗而歸。做女兒的，再狠，也敵不過父母淒淒的淚。父母到底生了她養了她，豈能害他們。於是她妥協了，犧牲了自己的愛情。她給徐志摩去了最後一封信，希望他能回來：

「摩！唯一的希望是盼你能在二星期中飛到，你我做一個最後的永訣。以前的一切，一個短時間的快樂，只好算是一場春夢，一個幻影，沒有留下一點痕跡，可以使人們紀念的，只能閉著眼想想，就是我唯一的安慰了。……要是我們來不及見面的話，你也不要怨我，不是我忍心走，也不是我要走，我只是已經將身體許給了父母……」

這是「永訣」。烏雲蓋住了她的希望，黑暗暗地不見一點亮光。悲切中，陸小曼不禁生出恨：上天造出了陸小曼，爲什麼又造出徐志摩，讓他教會了自己愛，嘗了愛的苦，卻不給她愛的結果。這眞正是讓她痛在心頭，恨在腦底。

信發出去，徐志摩接到後，見事情再無法拖延，便打點行裝回國。他本在早些時候就有回國的打算。因爲他接到胡適從國內來的信，得知陸家與王賡鬆了口風。當時原想馬上動身，可是，泰戈爾還沒有來。畢竟是應了泰戈爾的邀約，無論如何，總得見一面。所以徐志摩還是按下心，耐心等，卻還是免不了寫信跟小曼抱怨：

「這回旅行太糟了，本來的打算多如意多美，泰戈爾一跑，我就沒了落兒，我倒不怨他，我怨的他的書記那恩厚之小鬼，一面催我出來，一面讓老頭回去，也不給我個消息，害我白跑一趟……」

泰戈爾一直沒等到，徐志摩趁這時候到處遊玩，倫敦、巴黎。爲了陪幼儀散心，他們一起去了義大利。只是這期間，他的心一直掛著北京，爲了陸小曼終日抑鬱，食不知味。這樣的徐志摩讓張幼儀覺得，他對陸小曼的熱切超過了對愛子的哀悼，於是便拿他取笑：「你來歐洲只帶了一雙腿，胃沒帶來，『心』也在別處用著。」他就這樣，一路愁苦著，直到收到陸小曼信。這下，徐志摩再也管不了泰戈爾了，打點行裝匆匆回國，七月底便到了北京。

功德圓滿的離婚宴

在徐志摩出國的這段時間裡，事情並非如陸小曼擔心的，只是一味地壞，其中也有些積極的亮光，仍是有同情他們的朋友替他們出聲，劉海粟便是。

劉海粟與陸家有同鄉之誼，加上他又是陸小曼的老師，因此陸家人視劉海粟，便少了一份看外人的生疏。曾有一次，劉海粟與陸小曼的母親談起小曼與徐志摩的事情，陸母對他說了心裡話：「當初是因爲我們都喜歡王賡才把親事定下來的。我們也不是不喜歡徐志摩，只是人言可畏。」

劉海粟聽完這話，當即便向陸母提出：「許多因婚姻不自願而釀出的悲劇，希望長輩要爲兒女眞正的幸福而做出果斷的抉擇。」陸母也是知書達理的人，仔細想想也就明白了幾分道理，再加上做母親的哪有不心疼女兒，她何嘗不知道小曼爲了這件事情受了太大的苦，再拖下去也不是辦法。所以她最終還是鬆了口。這下，事情便有了轉機。

胡適把這個好消息，捎給了海外的徐志摩，當下，徐志摩便有了計畫。於是，他回國後，便找到了劉海粟，兩人一商議，決定由劉海粟與陸母一起，陪陸小曼去上海見王賡。

在劉海粟的印象中，陸小曼動身去上海那天，來送站的人當中不乏北京的社會名流，有學者教授亦有閨閣名媛。劉海粟不免感慨，得陸小曼這樣一位情人，定然需要不淺的福分。旁人有心發感慨，而徐志摩無心。對他而言，陸小曼這次南行，是一次與命運相關的搏鬥，他哪有不盯緊的道理。於是，陸小曼前腳剛到上海，徐志摩後腳便跟上了。他以學術研究爲名，與劉海粟待在一起，於是便有了開篇中，劉海粟與徐志摩二人的對談。在那次談話中，徐志摩將他與陸小曼感情線索，詳細告訴了劉海粟。

當時的劉海粟，二十多歲的年紀，留學日本歸來，也是血氣方剛的青年。

與所有的新潮青年一樣，劉海粟的血液裡，同樣激盪著破舊立新的因數。早在一九一四年，這位藝術青年就在自己創辦的上海國畫美術院開設人體寫生課。這在中國，可是開天闢地的第一次。他因此成了當時人們口中的「藝術叛徒」。可他不但不退縮，反倒以此名號自居。這樣的熱血青年，自然也以反封建爲己任。想當初，他自己也爲了「自由婚姻」而逃過婚。此時，他聽了徐志摩的講述，自然倍加同情，便答應將這個忙幫到底。於是，就有了那場功德林酒宴。

功德林是一家素菜館，環境雅致。一九二五年九月的一天，功德林裡來了這樣一群人：徐志摩、陸小曼、王賡、陸母吳曼華、楊杏佛、唐瑛、李祖法、張君勱、唐腴廬（唐瑛之兄）、劉海粟。雖說劉海粟是這次宴會的召集人，但徐志摩也是半個主人——他這次，是公開向王賡要老婆。徐志摩緊張，用劉海粟的話說，這是因爲徐志摩畢竟是個生性忠厚的君子。他雖然極愛小曼，但要這樣公然奪好友妻，腦子裡的道德束縛哪有那樣容易掙脫；陸小曼心裡也忐忑，她雖巴不得馬上解決這愁煞人的事端，但她極深的涵養，令她看起來從容不迫，坐在母親身邊仍是儀態萬方。劉海粟很佩服陸小曼當晚的舉動，她的行止既不讓王賡有半點難堪，也不讓徐志摩覺得過分得意。

開席後，劉海粟斟酌了一番，以反封建入題，大談婚姻應以感情爲基礎，否則便是有違道德，而離婚的雙方應當繼續保持友情，因爲愛情與友誼不可混爲一談。王賡聰明，不會不明白此話的用意，終於，他舉杯向衆人說：「願我們都爲自己創造幸福，並且爲別人幸福乾杯。」用徐志摩的話說，王賡「開眼」了。他在這次宴會後，表示自己同意與陸小曼離婚。一九二五年九月，王賡便與陸小曼辦了離婚手續。一場功德林酒宴，似乎圓滿了一場功德，陸小曼與徐志摩的日子迎來了雲破日出後的第一道光束。

陸小曼自由了，可是這一對冤家，那時雖同在上海，但那場功德林宴會後，卻總也見不上面。不奇怪，畢竟兩人的關係現在正處在風口浪尖上，雖然王賡應了要離婚，但兩人還是不能太張揚。爲此，徐志摩心情鬱悒得很，他寫信給胡適訴苦：

「今天又是淫雨天，爸爸伴我來（杭州），我來並無目的，只想看看影蹤全無了的雷峰，望一望憔悴的西湖，點點頭，嘆嘆氣，回頭就走。……適之，這心到底是軟的，眞沒法想，連著幾晚（伴你同床）眞是：

我長夜裡怔忡（ㄓㄥ ㄔㄨㄥ，驚恐不安），

掙不開的噩夢，

誰知我的苦痛？

影蹤全無，料來還在上海，我離南前大致見不著了……」

眞是字字句句透著慘澹。其實，徐志摩也曾約了陸小曼到杭州來私下會面。他以為小曼會來，一個人跑去車站守著，但冤家不曾來，無奈，拿出日記本寫下幾句：

「去車站盼望你來，又不敢露面，心裡雙層的難受，結果還是白候，這時候有九時半！王福沒電話來，大約又沒有到，也許不叫打，這幾次三番想

寫給你可又沒法傳遞，咳，眞苦極了，現在我立定主意走了……」

記這日記的本子，便是日後著名的《愛眉小札》。徐志摩從歐洲回來時，便將它隨身帶著，只記他的小曼，只寫他對小曼的戀。今天，他記的，是他來車站等她，站在車站遠遠看著，想見卻不敢靠前的窘相。無奈，這次等小曼等不來，而徐志摩卻是非走不可了。他答應了陳博生和黃子美要接辦《晨報副刊》。

5 徐志摩的晨報

接手《晨報副刊》

其實，徐志摩早想要辦份報紙。想他回國之初，老師梁啓超有意推薦他當《時事新報》副刊《學燈》的主編。雖然有梁任公推薦，但徐志摩畢竟剛剛回國，一無名氣，二無根基，所以《學燈》主編一事未能如願。不久以後，張君勱的「理想會」要辦一份月刊，名爲《理想》。他向徐志摩要稿子，當然，也拉了徐志摩入夥。因《學燈》一事抱負未展的徐志摩欣然同意，揮筆寫就《政治生活與王家三阿嫂》投了過去。結果，徐志摩發現，那《理想》月刊永遠只是「理想」，一直出不了娘胎，他失望至極。

再後來，《晨報》負責人黃子美聽說徐志摩有意辦報，就想讓他爲《晨報》辦個副刊。但當時的徐志摩已然沒有先前的躊躇滿志，此時的他，正爲著陸小曼的事情心神不定，所以對黃子美的提議一直沒有上心。

徐志摩自己不上心，可是他的朋友們卻替他上心。當他說要去歐洲散心時，陳博生和黃子美都不放他走。情急之下，他只得應承，說從歐洲回來後，一定接辦《晨報副刊》。等他從歐洲回來了，陳博生他們便討債似地逼他趕緊兌現辦報的承諾。可是，那會兒的徐志摩還在爲著陸小曼的事情傷情呢，哪裡顧得上辦什麼報紙。這下陳博生急了，無奈之下，他聯合眾人演了齣戲來激徐志摩。

這天，陳博生在《晨報》報館裡擺開宴席，約了徐志摩、陳西瀅、張奚若等幾個朋友吃飯。徐志摩知道，這是要讓幾個人當說客了，可他想不到，席間居然有人對他接辦《晨報副刊》提出了反對意見，理由是：徐志摩不配辦報紙。他這樣的人，只配東遊西蕩，偶爾寫點小詩解悶。甚至還有人說，副刊這種東西是「該死」的時候了。

說到這裡，陳西瀅乾脆說：「我也不贊成徐志摩辦副刊，因爲我最厭惡副刊。我主張處死副刊，趁早撲滅這流行病。如果是衝著這目的，我倒是支援志摩辦副刊的。志摩，我給你兩條建議：第一步，你逼死別家的副刊，第二步，掐死自己的副刊，從此人類可永免副刊的災殃。」

大家聽了陳西瀅這話，都笑得停不住。陳博生趁機開始利誘，說徐志摩啊，如果你要辦報，另起爐灶的話總得要自己貼錢，現在《晨報副刊》現成給你了，還有薪水可以領，多好的一件事。

一通激將，威逼加利誘，徐志摩總算動了心。想他原來一直「心不定」，遇到感情的事情，又把一切抛在腦後，只活在自己的情緒裡，或許浪漫的詩人，注定感性大過於理性。所以，雖然他對理想總是執著，卻也總是腳跟無線，無目的地忙碌著。現在，朋友們對他還是信任，願意把一份報紙交給他來辦。自己的理想總算有人願意幫他實現，還有什麼可推辭的？接手就是，但是他又一想，《晨報副刊》是日刊，這意味著每天都要出一張報紙，多難啊。這一下腦子又脹起來了，於是便開條件道：「我也願意幫忙，但日刊實在太難，假如晨報週刊或是甚至三日刊的話，我總可以商量。」

陳博生一聽，手一拍：「好！你就管三天副刊！」就這樣，徐志摩有點半推半就地接編了《晨報副刊》。

接手了《晨報副刊》，徐志摩的理想有了嶄露稜角的平臺。他的「稜角」是什麼？是他的態度、主張與思想。

「但我自問我決不是一個會投機的主筆，迎合群眾心理，我是不來的，諛附言論界的權威者我是不來的，取媚社會的愚暗與褊淺我是不來的；我來只認識我自己，只知對我自己負責任，我不願意說的話你逼我求我我都不說的，我要說的話你逼我求我我都不能不說的，我來就是個全權的記者……我自己是不免開口，並且恐怕常常要開口，不比先前的副刊主任們來得知趣解事，不到必要的時候是很少開口的。」

這就是徐志摩，只對自己負責，不迎合，不諛附，不取媚。正是這份對自由的追求，與對個性的提倡，讓徐志摩的形象看上去，不僅限於浪漫詩人，同時也是一個具有獨立思想的知識份子。儘管，這個知識份子看上去感性與浪漫永遠大於理性與現實。

自己人的文藝圈

如今，徐志摩從英國回來已有三五年。三五年，給一個普通人能做些什麼？一場真心實意的戀愛也便滿了。但徐志摩在這三五年裡，不但經歷了一場刻骨銘心的失戀；更打造了一場驚世駭俗，毀譽參半的熱戀；他寫了詩文若干，驚豔了暮氣沉沉的中國；還創辦了屬於自己的社團，開一代文學流派之先聲。現在，他不過也才二十八歲，就接手了《晨報副刊》，當了主編。上天眷顧徐志摩，就是這份被「逼」接手的報紙，在他的主持下，竟成了日後與《京報副刊》、《民國日報・覺悟》、《時事新報・學燈》齊名的，五四時期中國四大報紙副刊之一。

徐志摩「入主」《晨報副刊》，無疑開啓了《晨報副刊》的「徐志摩時代」。這麼說總有道理，先看徐志摩爲《晨報副刊》找的撰稿人：梁啓超、趙元任、張奚若、金岳霖、劉海粟、聞一多、任叔永、丁西林、陳西瀅、胡適、張歆海、陶孟和、江紹原、沈性仁、淩叔華……這些的名字眼熟？哪能不眼熟，都是平日裡走動的朋友，大多也是新月社的友人。單看這些名字，也就怪不得其他人說，《晨報副刊》是徐志摩的，更是新月社的。的確也是新月社的，徐志摩正是要藉著這份報紙露一露他的稜角；原本鬆散的新月社能在因這份報紙的聯結得以團結，何樂而不爲呢？

說是《晨報副刊》的「徐志摩時代」，還因徐志摩一來，晨報的風格便整個地照著徐志摩走。他早先接辦的時候便對陳博生他們說了：「我說我辦就辦，辦法可得完全由我，我愛登什麼就登什麼。」徐志摩說辦法由著他，這第一件事，就是把報紙的刊頭先換了。原來的刊頭只是幾個楷體字外加年月日期數，太不符合徐志摩的藝術審美要求。先是那幾個字太平常，於是徐志摩找來前清舉人書法家蒲殿俊，重新提了刊名，寫的是隸書。還不夠，單是字有些單調，於是，找來淩叔華照著琵亞詞侶的一張揚手女郎圖摹畫，放在刊頭。

結果，這畫因徐志摩的一時疏忽，讓外界誤以爲是淩叔華「剽竊」了琵亞詞侶的作品。雖然後來徐志摩寫文章解釋清楚了，但淩叔華後來總被人拿這事說笑。一直到來年五月，淩叔華還氣哼哼地爲這事抱怨徐志摩。所以，後來的《晨報副刊》刊頭畫，換成了聞一多的畫——一個裸體男子站在山崖上，瘦骨嶙峋，絕望吶喊。

「辦法由著他」的第二件事，便是要對《晨報副刊》的編排做了調整。先是版式，由原來的八開八版，改成了四開四版；然後是出刊的日期。原來《晨報副刊》是日刊，到了徐志摩這裡，便是週一、三、四、六四天出刊，且偏重於文藝。比如，有羅志希、姚茫父、余越園談中國美術，鄧以蟄來談西洋藝術；有余上沅、趙太侔談戲劇、談文學；而西洋音樂則有蕭友梅、趙元任，中國音樂，自然是李濟之談。

看起來，《晨報副刊》的徐志摩時代，眞正來臨了。爲它撰稿的人，在它那裡所發表的文章，都符合徐志摩的趣味。很明顯，他就是要藉著這個大平臺團結他的新月同仁，而不爲發行量迎合讀者，不爲黨派依附上層言論。《晨報副刊》成了徐志摩最有力的思想武器。這裡激盪著徐志摩的思想主張，同樣也激盪著新月社價值觀念。有了它，徐志摩終於有了一個可以發聲的地方。

雖說《晨報副刊》多多少少成了徐志摩自家人的地盤，但它並不封閉。但凡優美忠實的文字，也總是能被他發現，比如沈從文的《市集》；有時，哪怕是反對意見，只要寫得漂亮，徐志摩也一樣照刊不誤，後來的兩次文壇大討論，也虧了徐志摩的不分正反的刊文。但這裡，先說沈從文的《市集》。

沈從文原來潦倒。在劉勉己還是《晨報副刊》主編時，沈從文曾給他投過三四篇文章，換稿費交二十塊房租。其中有一篇便是《市集》。徐志摩接了報紙後，發現了這些文章，而且一眼便看上了《市集》。他折服於沈從文白描式的筆觸，欣喜之餘便將它發表了。徐志摩掩飾不住對這文章的欣賞，在全文發表了沈從文的文章後，還在後面加了一段附注：

「這是多美麗多生動的一幅鄉村畫。作者的筆眞像是夢裡的一支小艇，在波紋瘦鱗鱗（ㄐㄧㄢ）的夢河裡蕩著，處處有著落，卻又處處不留痕跡；這般作品不是寫成的，是『想成』的。給這類的作者，批評是多餘的，因爲他自己的想像就是最不放鬆的不出聲的批評者。獎勵也是多餘的，因爲春草的發青，雲雀的放歌，都是用不著人們的獎勵的。」

卻不料這樣讚美的文字，沈從文見了卻背脊發涼。因爲這文章是在《燕大週刊》發表過的，《民衆文藝》也曾轉載。原來報紙刊發的時候，用的只是他的筆名，而現在，徐志摩把「沈從文」三字寫上了。或許是淩叔華刊首圖事件讓沈從文心有餘悸，亦或許是沈從文一稿多投的事情總讓人產生不好的印象，所以連忙寫了聲明到《晨報副刊》解釋。徐志摩當然把沈從文的申明全文發表了，完了還不過癮，他在沈從文的聲明後，又加了自己的附注：

「從文，不礙事，算是我們副刊轉載的，也就罷了。有一位署名『小兵』的勸我下回沒有相當稿子時，就不妨拿空白紙給讀者們做別的用途，省得攙上爛東西叫人家看了眼疼心煩。我想另一個辦法是復載值得讀者們再讀三讀乃至四讀五讀的作品，我想這也應得比亂登的辦法強些。下回再要沒有好稿子，我想我要開始印紅樓夢了！好在版權是不成問題的。」

這便是徐志摩的風格，有點義氣，有點瀟灑。

從沈從文的事情上，也透露了徐志摩辦報紙的另一個風格：總喜歡在別人的文章後面，加上一段附記，按語之類。這到底是得誰眞傳？恐怕是梁啓超。話說當年蔣百里寫了篇《歐洲文藝復興史》，洋洋灑灑五萬字，交給梁啓超作序。結果梁先生這序一作，也是五萬字。五萬言的文章作序怕是不妥，於是梁先生重新爲蔣百里的書寫了一短序，把自己的五萬言長序改作著作給出版了。

徐志摩在當主編時，竟也有這樣的時候。比如，張奚若投來一篇《副刊殃》，不過一千字。結果，徐志摩在後面加了附注，竟有兩千字之多；比如劉海粟投來一篇《特拉克洛洼與浪漫主義》短文，也不過一千來字，結果徐志摩給它的附注竟有三千字之多。所以，他的附注被「扶正」，獨立成文發表了。

徐志摩喜歡寫附注，也是因爲有話想說，便藉著作者的話一併說了。太長的按語到最後喧賓奪主，這份理直氣壯也著實可愛。徐志摩自認這是一種「毛病」，但他這「毛病」卻便宜了讀者。除了評價作者，徐志摩也總喜歡在附注裡談談他選文章的想法，談談報紙的稿件都是如何來的。他的附注，有時就像電影花絮一樣讓觀眾得見幕後製作的樂趣。

著名的閒話事件

徐志摩在接辦《晨報副刊》以後，新月社眾人有了自己的發聲管道。徐志摩領著他的撰稿團隊幾番馳騁，文名漸盛，當然，麻煩也不少，最麻煩的一件，要數「閒話事件」。這件事情說起來，也是件意外。

新月社成員陳西瀅不但給《晨報副刊》撰稿，同時也在《現代評論》上主持專欄，名曰「閒話」。陳西瀅在專欄裡，或寫文化批評，或論時事，所有文章的題目一律定爲《閒話》。

一九二六年一月九日，陳西瀅寫了一篇關於法郎士的文章，登在他的專欄上。後來，它被收進著名的《西瀅閒話》中，定名為《法郎士先生的眞相》。這是一篇文化評論，陳西瀅在其中對法郎士的文字風格發表了看法，兼談了他的一些趣聞軼事。文章乾淨俐落，正是陳西瀅的一貫風格。

兩天後，一月十一日，徐志摩正發愁，他的《晨報副刊》缺稿了。徐志摩正當無計可施之時，看到了陳西瀅的那篇法郎士的文章。眞是不錯，嫵媚可羡，徐志摩當下喜歡的不得了，又想起自己早先也曾在《晨報副刊》發表過一篇《法郎士先生的牙慧》，於是提筆寫了一篇《「閒話」引出來的閒話》。

徐志摩下筆時也只是想再談一些關於法郎士的話。後來可能是因為他太喜歡陳西瀅，也實在佩服西瀅那篇文章寫得乾淨靈巧，於是，他著了魔似地筆下一滑，把那篇《「閒話」引出來的閒話》寫成了「西瀅頌」。其中對陳西瀅的誇讚，頗得「吹捧」的嫌疑：

「……西瀅是分明私淑法郎士的，也不止寫文章一件事——除了他對女性的態度，那是太忠貞了，幾乎叫你聯想到中世紀修道院裡穿長袍餵鴿子的法蘭西士派的『兄弟』們……西瀅就他學法郎士的文章說，我敢說，已經當得起一句天津話：『有根』了……像西澄這樣，在我看來，才當得起『學者』的名詞……他學的是法郎士對人生的態度，在譏諷中有容忍，在容忍中有譏諷；學的是法郎士的『不下海』主義，任憑當前有多少引誘，多少壓迫，多少威嚇，他還是他的冷靜，攪不混的清澈，推不動的穩固，他唯一的標準是理性，唯一的動機是憐憫……」

這閒話說多了，麻煩就來了。

這天晚上，徐志摩回家後，繼續爲湊稿子的事情發愁。原來以爲，又得熬到半夜了，不曾想家裡正有稿子等著他呢。那是周作人寫來的《閒話的閒話之閒話》。徐志摩看了，周作人的文章滿滿的，全是對陳西瀅和自己的攻擊，而且看起來，似乎是因爲自己原先的那篇「西瀅頌」把陳西瀅誇過頭了，這才引起周作人的不滿。尤其是針對徐志摩說陳西瀅對女士太忠貞，周作人這麼評價：

「忠貞於一個人的男子自然而然也有，然而對於女性我恐怕大都是一種犬儒態度罷。結果是筆頭口頭糟蹋了天下女性，而自己的愛妻或情人也就糟蹋在裡頭。我知道在北京有兩位新文化新文學的名人名教授，……揚言於眾曰：『現在的女學生都可以叫局』。這兩位名人是誰，這裡也不必多說，反正總是學者紳士罷了。……許多所謂紳士壓根兒就沒有一點兒人氣，還虧他們恬然自居於正人之列……像陳先生那樣眞是忠貞於女性的人，不知道對於這些東西將取什麼態度：譏諷呢，容忍呢？……」

徐志摩不明白，周作人一向以平和文雅形象示人，怎麼今天的文章會寫得如此火藥味十足。說女學生可以叫局的意思，即是說女學生們在當娼妓。周作人暗指陳西瀅說過這話，這個指控，非同小可。徐志摩更不明白，自己即便在先前的文章裡誇陳西瀅誇過了頭，周作人何至於生這樣大的氣？

雖然心裡有疑問，但正爲稿子發愁的徐志摩，忽然得了現成的文章心裡還是開心，無論如何捨不得放掉，於是便決定刊登。同時，徐志摩覺得總歸是自己的筆惹了禍，所以，連夜寫了篇《再添幾句閒話的閒話乘便妄想解圍》。一月二十日，徐志摩在《晨報副刊》上，將周作人與自己的文章一併發了。

周作人的文章放在頭版頭條，徐志摩解圍的話緊隨其後：

「……我實在始終不明白我們朋友中像豈明（指周作人）與西瀅一流人何以有彆扭的必要——除非你相信『文人相欺』是一個不可搖拔的根性。不，我不信在他們倆中間（就拿他們倆作比例）有不可彌縫的罅隙！……」

徐志摩自己心裡也清楚，他這番話說出來多半是兩邊不討好，但他還是願意做個和事佬。所以在文章最後，他問雙方：「我來做一個最沒出息最討人厭的和事佬，朋友們以爲如何？」

陳西瀅沒有給徐志摩這個面子。周作人汙他名譽的「叫局說」哪能輕易就過去。所以，他理都沒理徐志摩的勸解，當天便寫了質問的信，直撲周作人而去：

「先生今天在《晨副》罵我的文章裡，又說起『北京有兩位新文化新文學的名人名教授……揚言於眾曰：『現在的女學生都可以叫局』。這話先生說了不只一次了，可是好像每次都在罵我的文章裡，而且語氣裡很帶些陰險的暗示。……先生兄弟兩位捏造的事實，傳布的『流言』，本來已經說不勝說，多一個少一個也不打緊，可是一個被罵的人總情願知道人家罵他的是什麼。所以，如果先生還有半分『人氣』，請先生清清楚楚的回我兩句話：（一）我是不是在先生所說的兩個人裡面？（二）如果有我在內，我在什麼地方，對了誰揚言來？』」

「先生兄弟」，聽陳西瀅這話，顯然是把魯迅與周作人綁在一起對付了。陳西瀅與魯迅早有罅（ㄒㄧㄚˋ）隙，現在，他習慣性地認爲，那針對他的「叫局流言」魯迅一定參與其中。但此時的魯迅尙還沉得住氣，畢竟，他與周作人失和在先，而現在這事兒，只是周作人與陳西瀅之間的問題，所以現在他暫時沒有吭氣。

陳西瀅的質問一出，周作人與他之間就在「叫局」一事上開始了頻繁通信，幾番辯駁纏鬥下來，事實總算清楚：陳西瀅沒有說過「叫局」的話，係中間人張鳳舉誤傳。

事情清楚了，總該要道歉了。但張鳳舉說，他從頭到尾都沒有把這事寫出來登報，所以向陳西瀅私下道歉即可。如果張鳳舉這話還有接受的餘地，那麼周作人的態度就讓陳西瀅無論如何也吞不下這口氣。周作人說，他從來沒有在文章中公開過「陳西瀅」三字，所以沒有登報聲明的道理。周作人在此事的態度上，從頭至尾，都有欠誠懇。這讓陳西瀅相當不滿。

所以，一月三十日，《晨報副刊》上發表了陳西瀅的一封長信，還有陳西瀅輯錄他與周作人、張鳳舉的通信九封，另外有陳西瀅與劉半農的三封通信，全是有關此事的信。因此這期的《晨報副刊》，得了稱號——「攻周專號」。

「周」不僅是周作人，還包括魯迅。周作人自然是不能放過的，在陳西瀅的那封長信中，他直截了當一劍刺出，說周作人在「叫局」事件上是自己打自己嘴巴。而對魯迅，陳西瀅在信中更是集中功力給予打擊：

「……魯迅先生一下筆就想構陷人家的罪狀。他不是減，就是加，不是斷章取義，便捏造些事實。……他沒有一篇文章裡不放幾枝冷箭，……他常常『散布流言』和『捏造事實』，……他常常的無故罵人，要是那人生氣，他就說人家沒有『幽默』。可是要是有人侵犯了他一言半語，他就跳到半天空，罵得你體無完膚——還不肯罷休。他常常挖苦別人家抄襲。有一個學生抄了沫若的幾句詩，他老先生罵得刻骨鏤心的痛快。可是他自己的《中國小說史略》卻就是根據日本人鹽谷溫的《支那文學概論講話》裡面的『小說』一部分……」

這一擊，陳西瀅氣勢萬千，尤其是指責魯迅的《中國小說史略》爲剽竊之作，眞正擊中文人最敏感的神經。二人的死仇，就這樣結下。魯迅再也沉不住氣了。他深吸一口氣，舉起了他的投槍對準陳西瀅狠狠刺出，冷峻而淩厲。二月八日，魯迅在《語絲》上發表了《不是信》，全文六千餘字，逐字逐句，對陳西瀅的文章進行了尖銳而潑辣的駁斥。

陳西瀅是魯迅第一個論敵，這個論敵是魯迅少逢的強勁對手。而陳西瀅對《中國小說史略》的污蔑，讓魯迅對他記恨終身。翻開魯迅的《華蓋集》與《華蓋集續篇》，他將大半篇幅，都獻給了這位絕對不饒恕的對手。

周作人在魯迅出手後，漸漸收了陣仗，但「閒話」卻仍在說。捲進來說「閒話」的人也越來越多，李四光，胡適，林語堂，都加入了戰局，場面混亂不堪。最後，還是因徐志摩離京南下過春節，晨副未再登載「閒話」，衆人才算停止「閒話」。

徐志摩在這場「閒話」裡是始作俑者，還是陳西瀅的至交好友。作爲《晨報副刊》的主編，他還必須站在中間，做個和事佬。他也努力想做到中立，但事實證明他的努力如此蒼白。在徐志摩心裡，陳西瀅在這場論爭中孤單一人，而他的對手，筆桿卻不止一枝。這樣的想法，讓他的情感天秤傾向了陳西瀅。

如果少了這一層，徐志摩當初是不是就不會辦那期所謂的「反周專號」。但如果眞是如此，後人是不是就看不到這場精彩的文壇舊事？雖然這次論戰到最後，諸位文人君子丟了斯文，「鳥相干」、「狗屁」、「忘八」之類粗鄙的話都在衆人的文章裡出現了，一副潑婦罵街的架勢，但這絲毫不影響「閒話事件」在中國文壇中的地位。

有人評價說，「閒話事件」不愧是中國文壇最自由的一次辯論，因爲裡面少了政治，只有人性的動機與品行，它足以成爲中國現代知識份子人格研究的最佳文本；也有人說，「閒話事件」是中國文人最具才智，最具實力的一次對戰，因爲那時，尋釁的人機警，反擊的人有力，人人矯健，人人伶俐；還有人說，這次論戰，最值得讓人記住的地方，或許是歐美留學生與留日學生之間，眞正劃開了界線。

無論其他人怎麼說，對徐志摩而言，「閒話事件」意味著他的「新月」與魯迅的「語絲」再也無容忍的餘地；更重要的是，它讓世人自此以後，無法輕視他與他的朋友們建立起的文化勢力。他的新月社，從此與文學研究會、創造社鼎足而立。

文人們的「政治瘋話」

閒話事件是徐志摩主持《晨報副刊》中最值得紀念的一次論戰。如果說這場「閒話」沒有充分展現出徐志摩對時事的敏感，那麼「蘇俄友仇」的討論，或許是他表現自己政治敏感度的一次機會。

徐志摩初歸國的這幾年，除了寫詩外，也以一個時事評論家的姿態活躍在文壇。畢竟也是學政治出身的人，當時中國社會的諸多問題，必然引發他對時事的敏銳思考。所以，在羅文幹事件後，他以一篇《就使打破了頭，也還要保持我靈魂的自由》，支持了蔡元培在羅文幹事件中所展現出的正義與公理；所以，在張君勱的「理想」向他約稿時，他會立刻寫下《政治生活與王家三阿嫂》。所以，在擁有政治熱情的徐志摩手裡，《晨報副刊》不僅僅是單純的文藝刊物，它和當時其他許多報紙一樣，充滿了對民主與自由的熱切追求。比如，徐志摩在《晨報副刊》上，開展的那場「蘇俄仇友問題討論」。

一九二五年十月六日，就在徐志摩剛剛接手的《晨報副刊》上，登載了陳啓修的文章《帝國主義有白色和赤色之別嗎？》。陳啓修在文章中直言，蘇俄是中國人民的朋友。這引發了當時清華大學政治學教授張奚若的不滿。

張奚若曾經提議徐志摩辦一份「瘋子說瘋話」的「志摩報」。這次他乾脆在徐志摩的報紙上說他的政治瘋話。於是，張奚若寫了文章《蘇俄究竟是不是我們的朋友？》來批駁陳啓修。一場歷時兩個月的蘇俄仇友問題大討論，便這樣展開。不得不說，政治學出身的徐志摩，在此類問題上，有他敏銳的眼光。他很清楚，這樣的討論，不僅與中俄邦交有關，更重要的，是與中國國運有關。

徐志摩在這場論戰中，觀點與當時中國知識界的論調，當然也與大部分新月社同志的論調一樣——主張蘇俄一樣是帝國主義。但是，徐志摩並沒有因爲個人的主張，而打壓陳啓修的言論。他依然將陳啓修的文章發表了。而當蘇俄仇友問題的討論展開後，徐志摩作爲《晨報副刊》的主編，在他的報紙上發起了兩場討論：「關於蘇俄仇友問題的討論」與「仇友赤白的仇友赤白」。在這兩場討論中，徐志摩大體做到了公允中立，既刊發了自己支持的言論，也刊發了自己反對的言論，兩個月內，計有三十餘篇相關文章見報，幾乎每一兩期《晨報副刊》上就會有關於蘇俄問題的文章見報。

很難得不是？這樣的態度，最能表現徐志摩辦報的方針。他曾說：「自由說話，不僅是我認爲我的特權並且是我的責任。」在他的理想中，《晨報副刊》不會是任何黨派的宣傳工具。所以，他在這次討論中，不以正反定文章。他的標準是眞理、眞實、勇敢，坦白與一切忠實的思想，因此他發出這樣的宣言：「我要求每一朵花實現他可能的色香，我也要求各個人實現他可能的色香。」

然而，徐志摩在這場蘇俄仇友問題的討論中，公允也只是「大體」上的公允。他還是有意無意透露了他「反蘇」的傾向。比如，把反蘇的議論刊登在顯要位置，把親蘇的言論刊登在後面；又比如，他刊登的反蘇觀點文章，明顯多於親蘇觀點的文章；比如，他在刊登的文章之前，都附有帶有明顯個人傾向的記者前言。所以，儘管徐志摩自信他在這場論戰中「無成見」，但他的這些舉動，卻顯然讓他的「無成見」大打折扣。

實際上，關於政治，徐志摩最看好的還是英國。在他眼中，不但東方人的政治，就是歐美的政治也不如英國，英國人可稱是現代的政治民族。他們自由而不激烈，保守但不頑固，懷著天生多元主義的宇宙觀與人生觀的英國人，才最適合幹政治。如此看來，徐志摩在蘇俄仇友問題中所持的立場，是長年英國思想浸淫下的自然結果；而徐志摩在骨子裡，仍然是一個浪漫的詩人，所以，他那些打了折扣的「無成見」則是他內心深處的感性。所以，一場蘇俄仇友的討論，展現了《晨報副刊》在進入徐志摩時代後的獨特風格，也展現了徐志摩的政治眼光，更展現了他的人性缺陷。

細細想來，在這兩個月的爭論中，徐志摩最親密的戰友胡適，卻是一言未發。朋友們也曾勸胡適寫點什麼，參與討論，但沉穩謹慎如胡適，直到一九二六年七月實地考察了蘇聯後，才給國內寫信公開他的看法。胡適在這個問題上，站到了與徐志摩，以及與大多數新月社同志相反的立場上。他說：蘇聯正在進行的空前的偉大的政治新試驗，他眞是佩服極了。他甚至批評了他的同伴們，說他們總是以學者的武斷，來附和傳統的見解與狹窄的成見。

如果在那兩場討論中，徐志摩作爲報紙主編，在立場的表達上還能有所克制，那麼現在，面對胡適的言論，徐志摩放開了。他纂文直指胡適在政治上的天眞與糊塗，直指胡適過分注重實幹，直指胡適從留學歸來後十年不曾踏出國門，而這回出國不滿一個月，就可以來談理想了。

胡適對待蘇俄的態度，彷彿是一場秋風掃過《晨報副刊》，吹得原本已水面靜波的蘇俄討論，起了漣漪。但這場討論卻沒有繼續深入下去，因爲徐志摩爲著自己的那點兒情感的私事再次分了心。他放下了他的報紙，要準備與陸小曼結婚。

6

苦澀難言的再婚

古怪而尷尬的婚禮

在與王賡等人的功德林宴會後，徐志摩與陸小曼一直沒有見上面，直到徐志摩到北京接辦晨副，陸小曼也沒能見到他。兩人得以團聚，還是因爲陸小曼看到徐志摩登在報紙上的文章，才知道冤家在北京辦報紙。這才尋了過去。

陸小曼到了北京後，徐志摩便在北京中街尋了一處院子，一起住下。事業正是風生水起的時候，而身邊又有佳人陪伴，徐志摩的日子眞是快樂得不知從何處說起。但是，陸小曼的家人，不會甘心讓自己的女兒沒名沒分就這樣跟著徐志摩，他們要的是一場明媒正娶的婚禮。可徐申如會同意嗎？怕是很難，好在徐志摩有胡適。胡適不但是徐志摩事業上的夥伴，也是生活中益友，最重要的是，他還是徐申如最信服的人。所以，徐志摩便寫了封信：

「……爸最信服你，他也知道你是怎樣知我愛我的，你如其與他懇切的談一次天，一定是事半功倍的。總之老阿哥，煩你也煩到底了……總算是你自己弟弟妹妹的大事，做哥哥的不能不幫忙到底，對不對？且等著你回來，我們甜甜的報酬你就是。……」

陸小曼也央求胡適道：「先生！並非是我老臉皮求人，求你在他爹娘面前計講情，因爲我愛摩，亦須愛他父母，同時我亦希望他二老亦愛我，我受人冷眼不少了，我冤的地方只你知道……」胡適哪有不幫忙的道理。爲了勸服徐申如，他在一九二六年春節前，特地到硤石停留了兩天。

其實，就算沒有胡適的勸說，徐申如自己也知道，他的這個兒子只要打定了主意，是無論如何也拉不回來的。他拗不過兒子，但還有最後一線希望，於是，他對徐志摩說，除非得到張幼儀本人同意，否則，便不能娶陸小曼進門。徐志摩只得同意。

於是，張幼儀回來了，再一次成了徐志摩感情世界的局內人。六十年後，幼儀還清楚地記得那次會面。彷彿是爲了最後確認一次那早已經轟動中國的離婚事件，徐申如問幼儀：「你和我兒子的離婚是眞的嗎？」

「是啊！」幼儀的語氣平和。聽了他的回答，徐申如露出迷惑的神情，幼儀看出，那裡面還有難過。「那麼，你反不反對他與陸小曼結婚？」

「我不反對。」幼儀搖搖頭說。她看到，徐申如把頭一撇，失望極了。他勸服徐志摩的最後一道防線，就這樣崩潰了。而當時的徐志摩則高興得從椅子上跳了起來，樂不可支。他張開雙臂，彷彿要擁抱整個世界。可是，他的這個舉動，卻讓指上的玉戒從開著的窗子飛了出去。徐志摩驚恐萬狀。那是陸小曼送他的訂婚戒。幼儀覺得，這似乎預示著徐志摩與陸小曼之間，會發生些什麼。

但無論如何，這婚到底還是結成了。徐志摩爲了這場婚禮，連他的報紙也無暇顧。最終，《晨報副刊》因爲這位大主編的熱情降低而沉寂。所以，靠著晨副團結一處的新月社衆人，也因「新月靈魂」的「魂不守舍」而雲散。

一九二六年夏天，梁實秋在北平家裡接到一張請柬：

夏曆七月七日即星期六正午十二句鐘（指十二點整）潔樽（樽，ㄗㄨㄣ，酒杯。潔樽，清洗酒杯以款待客人，比喻對客人的尊隆）候敘

志摩

小曼拜訂

座設北海董事會

雖然沒有寫明為什麼設宴，但因那張請柬很別致，梁實秋一看，大抵就能猜出這不是一般性質的宴會，再一打聽，便知那是徐志摩與陸小曼的訂婚宴。

梁實秋去了。他覺得設宴的北海董事會是個好地方，亭榭廳堂，方塘清泉，因平日裡並不對遊人開放，故而顯得幽靜宜人。可梁實秋去的那一天，那裡一點兒也不清靜。得有百來號人吧，楊今甫、丁西林、任叔永、陳衡哲、陳西瀅、唐有壬、鄧以蜇……梁實秋在當時年紀小，「忝陪末座，卻喝了不少酒」（梁實秋《徐志摩與〈新月〉》）。

在梁實秋出國留學前，與徐志摩並不是特別相熟，僅見過幾面。後來留學其間，他曾給徐志摩主編的《晨報副刊》投稿，而最重要的是，他們有一些共同的朋友，因此回國後梁實秋便與徐志摩立刻相識了。但此時的梁實秋對陸小曼與徐志摩事情還未十分瞭解，而他正是從這場宴會衣香鬢影，名流雲集的宴會中聽到了許多關於此事的資訊。

中國人的宴會，向來不止吃飯這麼簡單，交流感情，交換新聞才是正經，更何況，這可是徐志摩與陸小曼的訂婚宴。徐陸的這段風流，在這場宴會上，再次被眾人翻攪得沉渣泛起。有人說，詩人與名媛，是天作之合；有人說離婚的男人與有夫之婦，是不成體統。梁實秋聽著這些議論，覺得結婚離婚本是男女雙方的事，與第三人無關。的確如此，但轉念想想便知，如果這只是風流才子俏佳人的一時遊戲，那的確也不過就是市井間茶餘飯後的閒談。可現如今，他們竟辦了婚宴當了真，那麼，這件事便與禮制扯上了關係，不再是笑笑就能過去的事，因此，所有人在這時都恨不得化身道德評判官。於是，眾人歡喜微笑臉一轉，就只剩了一張竊竊的議論的嘴。

並不是看不見那些異樣的眼神，但既然徐志摩與陸小曼能走到這一步，當然不會因這點議論止步。一個半月後，一九二六年十月三日，農曆八月二十七日，他們舉行了結婚儀式。陳寅恪和趙元任專程從清華趕到；從來只穿西裝的金嶽霖，爲了當伴郎特地借了長袍馬褂穿上；德高望重的梁啓超爲他們證婚，當日梁啓超發表的證婚詞，讓這場婚禮曠古絕今。

「徐志摩，你這個人性情浮躁……你離婚再娶就是用情不專的證明！陸小曼，你和徐志摩都是過來人，我希望從今以後你能恪遵婦道，檢討自己的個性和行爲，離婚再婚都是你們性格的過失所造成的，希望你們不要一錯再錯自誤誤人，不要以自私自利作爲行事的準則，不要以荒唐和享樂作爲人生追求的目的，不要再把婚姻當作是兒戲，以爲高興可以結婚，不高興可以離婚，讓父母汗顏，讓朋友不齒，讓社會看笑話。……我希望這是你們兩個人這一輩子最後一次結婚！……」

也只有梁啓超能這樣教訓徐志摩。他心疼自己的徒弟，瞭解他的爲人，清楚地知道徐志摩的浪漫理想，過分單純。他正在用自己衝動的感情，爲自己編織一張苦惱的羅網。所以，梁啓超希望能在徐志摩走向滅頂的災禍前，拉他一把。如果梁任公對徐志摩是「愛之深，責之切」，那他對陸小曼，卻是無半點好感可言。在他眼裡，陸小曼就是一灘禍水。他那番棍棒一樣的話打在陸小曼頭上，只是爲了提醒她，不要把自己的徒弟「弄死」。

然而，一切只是徒勞。徐志摩與陸小曼的相遇，注定是一場現實照進理想的悲劇。徐志摩的信仰，將他的生活帶進了窄仄的甬道，也將陸小曼由一場極致的幸福推向了一場極致的悲涼。

一九二六年十一月，在北京的張幼儀突然接到徐申如夫婦從天津拍來的電報：「請攜一傭來我們旅館見。」幼儀很驚訝。她知道那時徐志摩與陸小曼剛剛結婚南下，回到硤石老家。照理說，陸小曼這才剛見公婆，怎麼徐申如會在這個時候到天津來？

幼儀沒有多想，她盡快到了天津見了徐家二老。幼儀發現，兩位老人今天異常煩惱，此前，她從未見過他們這樣。怎麼回事？

先開口的是徐母，她氣極了，說話的語速很快，聲音在發抖：「陸小曼第一次來看我們，竟然要求坐紅轎子。」幼儀一聽，便明白二老之所以這麼快便離開硤石老家，全因陸小曼不討喜。也難怪徐母不開心，那種紅轎子，需要六個轎夫扛。它在傳統中國對於一個女人而言，意義非凡。那是只有第一次出嫁的女人才有權利坐的轎子，一個女人一生只能坐一次。陸小曼是離過婚的女人，提出這樣的要求，徐母無法接受。

所以，徐母生氣了，但陸小曼令她不滿的地方，還不止這一處：「還有啊，吃飯的時候，她才吃了半碗，就可憐兮兮地讓志摩幫他把剩下的半碗吃完！那飯還是涼的哪！志摩吃了說不定會生病哪！」說到這裡，徐申如也忍不住插話：「吃完飯我們正準備上樓休息，可是你看陸小曼接下來要幹什麼。她竟然讓我兒子抱他上樓！那樓梯有五十多級……」

「你有沒有見過這樣懶的女人呀？她的腳連纏都沒有纏過的！」徐母幾乎是

在尖叫。

二婚的女人坐紅轎子，剩飯讓丈夫吃，要丈夫抱他上樓，這哪一樣是傳統中國兒媳婦能幹的事情？陸小曼眞是把能惹的禍幾乎全惹了。但幼儀心裡清楚，陸小曼所有的舉動在她自己看來，也許不過是夫妻間的生活情調。這個在北京城鼎鼎有名的交際名媛，習慣了尋找快樂，過慣了被追捧的生活，縱使結了婚，心恐怕也回不了家的。所以，陸小曼與她不同。她可以爲了婚姻過籠中鳥一樣的生活，但陸小曼，即便結了婚，也定然要張揚個性；她活著，爲了丈夫爲了兒子，但陸小曼活著的目的，不僅僅是丈夫與公婆。所以，陸小曼不討喜，簡直是不可避免的事。

徐家二老來找幼儀，因爲她是徐家的「乾女兒」，他們視她爲徐家不可缺的人，在他們眼裡，張幼儀才是一個好兒媳婦應該有的樣子。但徐家二老的舉動無形中讓幼儀處於極尷尬的位置。她知道，徐志摩一定會爲這件事情發火，這不，她才剛剛把徐家二老接到北京，徐志摩的電話便打來了：「一定是你寫信讓爸媽去找你的，是不是！」

「不是，我爲什麼要這麼做？」

「這叫陸小曼沒面子！」

的確，眞正沒面子。哪有新兒媳婦剛進門，公婆就離開，跑去找前兒媳婦的？徐志摩沒有想到，陸小曼進門後父母會給他這樣的難堪。但與徐志摩的忿悶相比，陸小曼反倒顯得輕鬆，沒了老人的監督，生活顯得自有情趣。她與徐志摩種花種草，遊山玩水，倒也自在。

可是，隨著北伐戰爭開始，硤石漸漸捲進戰線，所以，這對新婚夫婦，不得不結束他們的清靜生活。一九二六年十二月，徐志摩和陸小曼爲避兵災，乘船到了上海。

上海來得有些倉促，以後生活怎麼過？徐志摩自有打算，教書。早有光華大學聘他任教，如果學校按時付薪，日子倒也可以過得下去。其實，回北京倒也是一條路，但他不願去，因爲北京的學校經常欠薪，而《晨報副刊》他也不願再接手，所以現在，他決定在上海待下來。但直覺告訴徐志摩，上海並不適合自己。

新月書店上市記

那場北伐戰爭，結束了徐志摩清閒的日子，而他的新月同仁中，有許多也因這場戰事被迫從北京南遷至上海。眞是個不好的時節，梁實秋後來回憶說：

「這時節北方還在所謂『軍閥』的統治之下，北平的國立八校經常的在鬧索薪風潮，教員的薪俸積欠經年，在請願、坐索（到他人家裡守候著索還債款）、呼籲之下每個月也只能領到三幾成薪水，一般人生活非常狼狽，學校情形亦不正常，有些人開始逃荒，其中一部分逃到上海。徐志摩、丁西林、葉公超、聞一多、饒子離等都在這時候先後到了上海。胡適先生也是在這時候到了上海居住。同時有一批批的留學生自海外歸來。那時候留學生在海外受幾年洋罪之後很少有不回來的，很少有人在外國久長居留作學術研究，也很少人耽於物質享受而留連忘返。如潘光旦、劉英士、張禹九等都在這時候卜居滬濱。」

這場「逃荒」讓許多人或許狼狽，但新月同仁們在上海重新聚合。這多少，成了徐志摩今後黯淡生活中難得珍貴的快樂。

徐志摩不喜歡上海，他正愁這裡沒有合自己脾胃的事情可以做，現在，難得新月同仁還能有機會這樣聚在一處，不甘寂寞的徐志摩總能想出事來做。徐志摩想做事，也還有更現實的原因：到上海這段日子，他實在是有些缺錢花。別說陸小曼那大手筆的花錢態度，就是省，每月也得有二百圓。所以，更是要做些事情。做什麼呢？文人只會寫點東西，沒有其他特長，那麼，辦書店就是個不錯的主意。

有了想法，那只剩下執行。徐志摩奔走最力，又是邀股東，又是租房子，好不忙碌。一九二七年六月，上海環龍路環龍別墅，書店開張，名字就叫「新月書店」。余上沅任經理兼編輯部主任。這書店什麼樣？

藍底白字的招牌，掛在鐵棍上，棍上還有塗金新月標誌。書樓兩層，樓下是發行所，擺著書桌與書架；牆上掛著江小鶼的油畫與朱孝臧寫的招牌。樓上正房是編輯室，也掛著名人字畫，還放了沙發；後面的亭子間（上海老式樓房中的一種小房間，位於樓梯中間，狹小黑暗）是會計處，布置簡單。新月社開張，第一天來的人挺多，據說有位叫嚴家邁的先生特地從江灣趕來，到了新月書店上上下下，裡裡外外看了一圈後，回家寫了篇《新月書店參觀記》登在報上，其細緻程度竟連書店的方位與乘車路線都詳盡道出。所以有人說，這篇《新月書店參觀記》其實是書店自己人寫的，權做廣告宣傳，而那位嚴家邁先生，就是梁實秋本人也說不定。

新月書店的成立，讓大夥兒寫的書有了自己的刊行基地。而書店第一批印行的書中，就有徐志摩的詩集《翡冷翠的一夜》和散文集《巴黎的鱗爪》。徐志摩的散文，寫得也是極好，甚至比他的詩更有味道。他的文句或清新絕俗，或柔豔美麗。無論是什麼樣的文字，總有澎湃的情感。所以有人說，世間沒有哪種情感是徐志摩表達不清的。

書店辦起來了，大概七、八月以後，衆人又商量著辦起了《新月》雜誌。創刊號上，徐志摩就表明了他們的「新月態度」：要從惡濁的底裡解放聖潔的泉源，要從時代的破爛裡規復（即恢復）人生的尊嚴。眞是宏大的抱負，巨大的使命。但即便有如此責任，但衆人履行起來，似乎要比常人輕鬆。都是會寫文章的人，幹的是當行本色。就算缺稿子，徐志摩組織一兩次飯局，談笑間，大家便把稿子湊齊了。

就這樣，《新月》成了繼《晨報副刊》後，新月同仁表達自己，展現自己的又一陣地。到此，新月社終於有了成熟面孔。而所有談論中國新詩歷史的人，從此以後再也避不開「新月詩派」。

只是，這一群人一時際會聚在了一起，組織不嚴密，野心也不大，每個人或多或少都還有些自由主義的傾向，各有各的路數，所以矛盾不能說沒有。比如，徐志摩熱情高漲的時候，考慮欠周，沒跟大家商量，就一廂情願地給《新月》定了名，把社長給了胡適，使得大家不滿。不滿的話傳了出去，胡適也一度想要退出。這是小事，嚴重的是，辦刊的方針出了分歧。

胡適與羅隆基主張新月要談政治，而徐志摩與邵洵美等人卻主張「向後轉」，不談政治。

徐志摩談論政治的時候很少很少，或許是因爲當年在英國與曼殊斐爾見面時，她希望他不進政治。她曾憤憤地對徐志摩說，現代政治的世界，不論哪一國，只是一亂堆的殘暴和罪惡。曼殊斐爾於徐志摩，是女神般的存在。她的一番話，對徐志摩產生的影響力可想而知。

分歧大了，有一些人便走了，新月一度陷入危機。但徐志摩還是勉力維持著，總算撐了下來，但這一切在葉公超眼中，卻並不是個好兆頭：「新月同仁的書生本色和天眞心性，以這些人寫文章或研究學問會有成就，要他們辦雜誌開書店，是注定了要失敗了的。」這話不是沒有道理。胡適也曾就新月內部的矛盾，發了如下感慨：「我們的民族是個純粹個人主義的民族，只能人自爲戰，人自爲謀，而不能組織大規模的事業……豈但不能組織大公司，簡直不能組織小團體……」

新月成員間的矛盾，不用看其他，單看《新月》編輯的名字總有不同便可見端倪。先是徐志摩、聞一多、饒孟侃一起編了幾期，後來換了梁實秋、潘光旦、葉公超、饒孟侃、徐志摩一起。但就算新月曾因羅隆基等人的政治言論而屢陷麻煩，就算徐志摩、邵洵美也總是要爲成員們惹出的麻煩善後，新月成員間還是和睦的。辦報方針不一，並不影響他們之間的情誼。也許，這是他們共同的西方教育背景，讓他們形成了民主的做事紳士風格，或許也僅僅是他們每個人的性情使然，亦或許，這也是那個時代的風致與氣度。

婚姻的泥潭

離國民政府首都南京咫尺之遙的上海，十里洋場一片燈紅酒綠。上海是陸小曼長大的地方，她在這裡最熱衷的事情之一，便是唱戲捧角。捧角，她捧紅了袁美雲、袁寒雲；唱戲，她把自己唱成了不輸專業演員的最佳票友。多少人爲了請她登臺，親自登門邀她演出，又有多少人以一睹臺上的陸小曼爲榮。這就是一代名媛的名聲與魅力。陸小曼在這裡甚至不必特別應酬，不過幾個月，就把整個大上海交際圈玩在了手心，紙醉金迷的都市被她撩撥得愈發令人迷醉。

陸小曼到了哪裡，都是陸小曼。一代名媛到了哪裡，生活都是一樣過。在福煦路四明新村高級住宅區裡，陸小曼租了一幢每月銀洋一百的洋樓，樓裡有男僕、丫頭，衣著入時不輸主人家，這是名媛的排場。除了這些，名媛的排場也是買東西可以不問價格，不問家中是否需要，只隨高興；名媛的排場，還是一月最少銀洋五百（合人民幣兩萬元一個月）的開銷。這位名媛，排場太大，所以排到最後，不過是一場無度的揮霍。

若只是揮霍，倒也沒什麼可以怨的。陸小曼本來就是這樣的女人，從小到大一直都是。她受的教育與成長的環境，決定了她生來就是被捧在手裡養著，養不養得起，那要看徐志摩自己的本事。但問題在於陸小曼不止揮霍了錢，也揮霍了她與徐志摩的日子。

何競武的女兒何靈琰（ㄧㄢˇ）是徐志摩與陸小曼的乾女兒。四十多年後，何女士回憶起住在上海福煦路四明新村的陸小曼時說：「乾娘房間裡總是陰沉沉地垂著深色的窗簾，連樓上的客堂間和小吸煙間也是如此。她是以夜爲晝的人。不到下午五、六點鐘不起，不到天亮不睡，每天到上燈以後才覺得房子裡有了生氣。」看得出來，那時的陸小曼染上了鴉片癮。其實陸小曼自己也知道，吃鴉片煙不是好事，但她本是多病的人，當年在北京簡直就把醫院當家那樣住。而自從那個叫翁瑞午的男人勸她吸了幾口鴉片煙之後，她竟覺得百病全消。

那翁瑞午，也是個英俊瀟灑的人，而且同樣出身不凡。他是翁同龢的侄孫，父親翁綬琪，是前清光緒年間舉人，金石書畫造詣深厚，家中收藏甚富。翁瑞午幼時在父親影響下，也研習書畫。後來拜了名醫丁鳳山爲師，學了一手精妙推拿，掛牌行醫，醫名甚佳。翁瑞午能認識陸小曼，也正是因爲那一手推拿。

陸小曼初到上海時舊病復發，雖遍尋名醫，但治療效果並不好。於是便有朋友介紹翁瑞午來爲小曼推拿。經翁瑞午推拿診治的陸小曼，覺得精神大好，徐志摩因此對翁瑞午感激不盡，而翁瑞午也因此成爲徐志摩夫妻二人的常客，與他們成了朋友。

陸小曼與翁瑞午都愛戲劇，都喜繪畫。共同的愛好從來都是人與人情感的粘合劑，而陸小曼時時發作的病情，也需這個英俊漂亮的年輕人推拿紓解。儘管翁瑞午的推拿手藝好，但總歸治不了本。且陸小曼也實在經不起那病時時復發的折騰。於是，他聽了翁瑞午的勸，開始吸鴉片煙。哪有不上癮的道理。從此，陸小曼的生活裡多了煙榻、煙槍和煙燈。她一天也離不開這阿芙蓉（指鴉片）帶給她的慰藉。而隔著煙燈，在煙榻的另一頭，翁瑞午一起斜斜躺在那裡。

陸小曼似乎越來越離不開翁瑞午的陪伴，翁瑞午也愈來愈頻繁地出現在徐志摩家中，頻繁到他在陸小曼身邊的時間，比徐志摩更多。於是，坊間便有了茶餘飯後聊天的話題。徐志摩自然看在眼裡，聽在耳裡。但他倒是豁達，他說：「男女的情愛，既有分別，丈夫絕對不許禁止妻子交朋友，何況芙蓉軟榻，看似接近，只能談情，不能做愛。所以男女之間，最規矩最清白的是煙榻。」

這是開解別人，還是在安慰自己？或許只有徐志摩自己知道。

生活就像戲，每個人都是被命運欽點的觀眾。所以，無論徐志摩再怎樣豁達，他都必須面對陸小曼與翁瑞午帶給他的紛亂。

那是一場名叫《玉堂春》的戲，在夏令配克電影院（是上海的老電影院，Olympic的音譯，西班牙人雷瑪斯開設）演出。戲臺上沒有角兒，都是票友。一個是陸小曼，演蘇三；一個是徐志摩，演紅袍；演王金龍的不是別人，正是翁瑞午。這場戲，本身是極好極轟動，因爲演戲的人極具專業水準。但這不是這場戲最讓人關注的地方，它轟動的效應，是它引得一家無聊小報，添油加醋地寫了一篇下流文章，影射了陸小曼與翁瑞午間的風流八卦，攻訐了徐志摩的品格。

於是，陸小曼與翁瑞午的話題，從檯面下，被擺到了檯面上。徐志摩終於意識到，他活在世俗裡：

> 「我想在冬至節獨自到一個偏僻的教堂裡去聽幾折聖誕的和歌，但我卻穿上了臃腫的袍服上舞臺去串演不自在的『腐』戲。我想在霜濃月澹的冬夜獨自寫幾行從性靈暖處來的詩句，但我卻跟著人們到塗蠟的跳舞廳去豔羨仕女們發金光的鞋襪。」

他與陸小曼浪漫熱烈的愛，到了最後終還是原成泥濘。這才是日子。這與他原先的期望太不相同。原本以爲，陸小曼會是他這輩子的成績與歸宿，原本以爲，陸小曼會像原來一樣看他寫的文章，鞭策他，帶給他靈感。但現在，他的妻子整日籠在鴉片的煙霧中，漸漸模糊看不清身影。

哪能不心疼？徐志摩知道，鴉片根本解救不了陸小曼，他不是沒有設法振奮陸小曼的志氣。他總是勸她，少抽煙，少打牌；他甚至爲了不使陸小曼埋沒天分，而讓她給自己即將出版的書寫序。但陸小曼提著筆不到一會兒就像個孩子似的喊累，一個字都沒有寫出來。幾番下來，徐志摩也只得乾笑著作罷。一九二八年十二月二十八日，徐志摩送給陸小曼一本《曼殊斐爾日記》做新年禮物。他希望這位高雅麗質的女性，能給陸小曼激勵，但陸小曼讓徐志摩失望了。她沒有如徐志摩殷切期望地那樣振作，她甚至覺得徐志摩在婚後變得不如先前那般浪漫，對她管頭管腳，不讓她打牌，不讓她抽鴉片煙，眞是拘束極了。

最終，徐志摩累了，他對陸小曼的愛，似乎再也不如原先那樣飽滿。所以，他的日記裡出現了這樣的句子：「最容易化最難化的是一樣東西——女人的心；過去的日子只當得一堆灰，燒透的灰，字跡都不見一個。」有人說，徐志摩是因愛而生的。愛是他靈魂的全部滋養與靈感的全部動力。看來的確如此。現在，他與陸小曼的感情出現了問題，於是，他倦了。

「這幾天，就沒全醒過，總是睡昏昏的……腦筋裡幾乎完全沒有活動，該做的事不做，也不放心上，不著急……想做詩，別說詩句，詩意都還沒有影兒，……昨晚寫信只覺得一種拿腔拿調在我的筋骨裡，使得我說話上只選抵抗力最小的道的道走。字是不經挑擇的，句是沒有法則，更說不上章法……」

對生活多大的失望才能如此？這段日子的文字，字字透著從心底升起的幻滅。但如果僅把對陸小曼的失望視作問題，徐志摩倦怠的原因，那未免膚淺。

「志摩的單純的信仰，換個說法，即是『浪漫的愛』。浪漫的愛，有一個顯著的特點，就是這愛永遠處於可望而不可即的地步，永遠存在於追求的狀態中，永遠被視爲一種極聖潔極高貴極虛無縹緲的東西。一旦接觸實際，眞個的與這樣一個心愛的美貌女子自由的結合，幻想立刻破滅。原來的愛變成了恨，原來的自由變成了束縛，於是從頭來再開始追求心中的『愛，自由和美』。這樣周而復始的兩次三番的演下去，以至于死。……」

這是梁實秋對徐志摩的評價，畢竟是朋友，還是他看得透徹。誠然如他所言，徐志摩從與陸小曼在一起的那一刻開始，他的「愛」便從此失去了吸引力，他的靈感失去了新鮮的動力；於是，他從理想的雲端上，看到了浪漫的灰燼。

再別康橋

日子還是消沉，按著徐志摩一貫的心性，家事不順心，浪漫成了灰，他哪裡有其他心思想事情。也許新月的工作可以讓他的情緒稍稍平復，但時局的混亂卻只讓他更加煩悶。本來北伐戰事就令徐志摩怨念從生，眼下又發生了「濟南慘案」，徐志摩終於第一次開始爲國事難受。

「這幾天我生平第一次爲國事難受……這回卻既不是純粹的感情問題，也不是理性所解剖的現象，一方面日本人當然是可惡，他們的動作，他們的態度，簡直沒有把我們當作『人』看待，且不說國家與主權，以及此外一切體面的字樣，這還不是『欺人太甚』？有血性的誰能忍耐了？但反過來說，上面的政府也眞是糟，總司令不能發令的，外交部長是欺騙專家，中央政府是昏庸老朽的收容所，沒有一件我們受人家侮辱的事不可以追原到我們自己的昏庸。……我們未嘗不想盡點責任，向外國說幾句話，但是沒有『眞理』就沒有壯氣，我們的話沒有出口，先叫自己的甜頭給壓住了。我們既不能完全一任感情收拾起良心來對外說謊，又不能揭開了事實的眞相對內說實話，這是我們知識階級現下的兩難。」

徐志摩手上有自己的刊物，也有自己的書店，但這樣的時事評論，不是寫在報紙上，他只把它們記在日記裡。他有政治的激情，卻少了參與的熱情。徐志摩無論自己多想詩化他的生活，無論多麼不想談論政治，但他終究不過時代的螻蟻。

在那樣一個思想激盪的年代裡，魯迅誰都不聽，於是他戰鬥；胡適選擇了自己的棲身之地，有了著落；而徐志摩，他只關注自己的內心。對政治，他沒有自己的堅定理念，所以一旦時事起了波折，別人有價値觀可以依憑，或戰鬥，或協調，而他終無依附，情感矛盾亦可想而知。但徐志摩對自己的這種狀態不是沒有反思，他也曾有過自剖：

「愛和平是我的生性。在怨毒、猜忌、殘殺的空氣中，我的神經每每感受一種不可名狀的壓迫。記得前年直奉戰爭時我過的那日子簡直是一團漆黑，每晚更深時，獨自抱著腦殼伏在書桌上受罪，彷彿整個時代的沉悶蓋在我的頭頂。」

「我當初也並不是沒有我的信念與理想。有我崇拜的德性，有我信仰的原則。有我愛護的事物，也有我痛疾的事物。……我恨的是這時代的病象，什麼都是病象：猜忌、詭詐、小巧、傾軋、挑撥、殘殺、互殺、自殺、憂愁、作僞、骯髒。我不是醫生，不會治病；我就有一雙手，趁它們靈活的時候，我想，或許可以替這時代打開幾扇窗，多少讓空氣流通些，濁的毒性的出去，清醒的潔淨的進來。」

這樣平和的性情，在那時是不是有些不合時宜？當時他在《新月》創刊號上提出「尊嚴與健康」就曾遭到魯迅等人的斥責。這樣的時代，尊嚴是誰的尊嚴，而健康又是誰的健康？這一切，讓他對自己一向信奉的西方理念產生了嚴重的懷疑，他的精神產生了一次空前的危機。於是，他在家事與國事的糾纏中，苦悶彷徨得無以復加，這個總是感情用事的衝動青年，再一次在情感的迷茫中，失落了希望。

徐志摩的境況，胡適看在眼裡也替他心疼。所以，在一次會餐後，胡適對徐志摩說：「到外頭走走吧，呼吸點新空氣，得點新材料，也許他的生活能眞的換個方向。」朋友的建議也正符合他自己的想法。去走走吧，或許回來以後，一切會不一樣。

另外要說的是，徐志摩此次出國還準備帶些玉器古董去賣，一來補充旅費，二來貼補些家用。看來，徐志摩的生活確是陷入了窘境。這個從小長在殷實家境中的少爺，如今也眞是苦了他。

一九二八年六月，徐志摩帶著古董登上了加拿大輪船「皇后號」。先到東京見了在日本度假的陳西瀅夫婦；七月五日到了紐約，見了老朋友恩厚之，期間還見了蔣介石的太太陳潔如；八月四日，他到了英國，回到劍橋。

輕輕的我走了，
正如我輕輕的來；
我輕輕的招手，

作別西天的雲彩。

那河畔的金柳，
是夕陽中的新娘；
波光裡的豔影，
在我的心頭蕩漾。

軟泥上的青荇（荇，ㄒㄧㄥˋ。荇菜，多年生草本植物，葉圓形，浮在水面，根生在水底，花黃色），
油油的在水底招搖；
在康河的柔波裡，
我甘心做一條水草！

那榆蔭下的一潭，

不是清泉，是天上虹；
揉碎在浮藻間，
沉澱著彩虹似的夢。

尋夢？撐一支長篙，
向青草更青處漫溯；
滿載一船星輝，
在星輝斑斕裡放歌。
但我不能放歌，
悄悄是別離的笙簫；
夏蟲也爲我沉默，
沉默是今晚的康橋！

悄悄的我走了，

正如我悄悄的來；
我揮一揮衣袖，
不帶走一片雲彩。

這是他最有名的詩《再別康橋》。

一首優美的抒情詩，投射了徐志摩這些年的情懷起落。十年前，瀟瀟灑灑地來，那時少年壯志；六年前，在這裡寫下「盼望我含笑歸來」，而如今真當歸來，卻只帶著生活的泥水與悲哀的心碎。

這裡風光依舊，康河的水，依舊柔波蕩漾；河底的水草，彷彿從未改變過它的模樣。河上升起的輕霧，將遠山渲染成寫意的水墨，那些黃綠相錯的濃淡，便輕輕暈開了輕柔的妙意。空靈的晚風將夕陽揉碎在行人悠閒的步間，點滴的光影便跳蕩著向前。徐志摩靜靜坐在康河岸邊柔軟的草甸上，寂寂的眼神凝對著岸上招搖的垂柳。它曼妙的枝條，正輕撫康河靜靜的水流。他的眼，隨著河水的鱗光穿過三環洞橋，皺起細膩的波紋。

一切都一樣，一切都已經改變。只因物是，人非。他不再是當年的他，青春難再，壯志未酬。當年一別，追著希望而去，如今再別，卻是揮別了希望與豪情。

康橋留給徐志摩太多故事，青草更青處，也許還埋著當年的青澀浪漫和那段未完成的初戀；星輝斑斕裡，彷彿仍在閃著當年的豪情與耀眼的心靈革命。不忍看，不願想，它們就像一面鏡子，照出了十年後徐志摩殘缺的愛與夢想。而那雲上的夢想落入凡塵，便只剩泥土。所以，悄悄來，悄悄走，連那夜蟲都爲他沉默。揮一揮衣袖，不帶走一片雲彩，只怕驚醒那場彷彿幾世紀前的美夢。

九月二十日，徐志摩離開了歐洲前往印度。十月見了泰戈爾。總算在這位可敬長者的有生之年，徐志摩兌現了自己的承諾，親自到印度來看看他。在印度待了三個星期，十一月回到上海。

回到上海，一切都沒有改變。

在出國的四個月間，徐志摩並沒有放下病弱的妻子。一如三年前他爲了她走天涯一般，徐志摩幾乎每到一站，都寫信給陸小曼匯報行程，告訴她沿途風物；與三年前一樣，他依然要在信裡勸慰妻子振作。唯與三年前不同的是，那缺少了年少的激情，已成了苦口婆心：

「上海的生活想想眞是糟。陷在裡面時，愈陷愈深；自己也覺不到這最危險，但你一跳出時，就知道生活是不應得這樣的。」

「我愈想愈覺得我倆有趕快wake up的必要。上海這種生活實在是要不得。……曼，你果然愛我，你得想想我的一生，想想我倆共同的幸福；先求養好身體，再來做積極的事。……一無事做是危險的，飽食暖衣無所用心，決不是好事。你這幾個月身體如能見好，至少得趕緊認眞學畫和讀些正書。要來就得認眞，不能自哄自，我切實希望你能聽摩的話。」

只可惜，他的眉一句也沒有聽進去他殷切的希望。上海還是上海，陸小曼依然流連煙榻，花錢依然大方。徐志摩遠行期間，徐申如曾有一次特地坐著火車到上海去見陸小曼。他對陸小曼勸道：「你一個人，也不用住這樣大的房子，倒不如搬到鄉下來跟我們一起住，留一個傭人看房子吧。」看得出來，徐申如那時，懷著最後一絲善意想要改善他與陸小曼的關係，但是，陸小曼沒有回應。從此以後，徐申如再也沒有跟陸小曼說過話。他也許一生都沒有原諒這個害了他兒子的女人，以至於最後徐母病逝，他寧願與兒子撕破臉，都沒有允許陸小曼戴孝。

徐志摩回來以後，除了光華大學的教書職位外，南京中央大學邀他兼課，中華書局也請他編選文學叢書。幾樣工作加起來，月收入番了幾翻，得有一千圓以上吧。這在當時可不是小數目，但是，到了陸小曼花起來的時候，還是少。徐志摩無奈，只能借債了。

這段日子，是徐志摩生命中最平庸的時刻，用他自己的話說，是「疲塌不振」。這境遇眞是慘澹透了。現在想來，梁啓超在他婚禮上的那番陳詞，眞是一語成讖。徐志摩給自己的婚姻，給自己的生活，設想了一個虛無境界。他騙了自己，最終他必須忍受幻滅的莫大痛苦：

陰沉，黑暗，毒蛇似的蜿蜒，
生活逼成了一條甬（甬，ㄩㄥˇ。甬道，指走廊、通道）道：
一度陷入，你只可向前，
手捫索著冷壁的粘潮，

在妖魔的臟腑內掙扎，
頭頂不見一線的天光
這魂魄，在恐怖的壓迫下，
除了消滅更有什麼願望？

生活是一條通道，沒有溫情，只有醜陋與黑暗。徐志摩曾經對生活抱有多麼熱烈的希望，那現在，他對生活的絕望就有多麼強烈。生活於他，已然成了「毫無意義」的代名詞。「除了消滅更有什麼願望？」眞是哀莫大於心死，他幾乎要主動放棄生活了。但幸好，他還有朋友。朋友就是這樣，就算他們暫時無法將你從生活的泥潭中拉出來，但至少，他們不會讓你繼續往下沉陷。

北平，不如歸去

一九三〇年一月，胡適在北大任教務長。作爲徐志摩的老朋友，他實在不忍心看著徐志摩毀掉，於是便勸他離開上海到北京來。局外人看事總是比當事人清楚些，他警告徐志摩，陸小曼年輕，需要受點磨折。說不定徐志摩離開了，她會反省反省自己。否則，再這樣混下去，他們會鬧出怎樣的笑話都不知道。

徐志摩原本是想在上海繼續待下去，否則他不會在這時還打起精神來創新刊物《詩刊》；光華大學的職位他也不想放棄。但後來，光華鬧學潮，當局出面干涉，形勢極爲不利，讓他無法再待下去。而且，上海的生活也眞的不能再受了。北方有他的朋友，新月同仁現在大多去了北方。所以，他終是下定決心北上。

一九三一年二月二十四日，徐志摩到了北京。

工作不成問題，北京大學給他安排了職位，月薪三百圓，女子大學也有八小時課上，月薪二百八十圓。住處也不是問題，就住胡適家。胡適住在米糧庫胡同四號，那是一所洋樓。徐志摩叫那裡百松園——那裡有一長方形院落，竟是一片松林。徐志摩住在胡適家二樓的一間，這是他問胡適討來的。很大一間房，向陽，還有暖爐，書香可愛。

三月二日，徐志摩開始正式上課。教書、備課，閒時到北海去散散步，也和胡適他們聚在一處，吃飯看戲。然後，便是給陸小曼寫信。陸小曼的生活還是老樣子，在眼前時都勸不住，現在離了這樣的遠距離還能如何？最心煩的，還是陸小曼平日的花銷實在太大。

> 「錢的問題，我是焦急得睡不著。現在第一盼望節前發薪，但即節前有，寄到上海，定在節後。而二百六十元轉眼即到，家用開出支票，連兩個月房錢亦在三百元以上，節還不算。我不知如何彌補得來？借錢又無處開口。我這裡也有些書錢、車錢、賞錢，少不了一百元。眞的躊躇極了。本

想有外快來幫助，不幸目前無一事成功，一切飄在雲中，如何是好？錢是眞可惡，來時不易，去時太易。我自陽曆三月起，自用不算，路費等等不算，單就付銀行及你的家用，已有二千零五十元。節上如再寄四百五十元，正合二千五百元……我們夫妻倆眞是醒起才是！若再因循，眞不是道理。再說我原許你家用及特用每月以五百元爲度。我本意教書而外，另有翻譯方面二百可恃，兩樣合起，平均相近六百，總還易於維持。……我奔波往返，如同風裡篷帆。身不定，心亦不定。莎士比亞更如何譯得？結果僅有學校方面五百多，而第一個月又被扣了一半。眉眉親愛的，你想我在這情形下，張羅得苦不苦？同時你那裡又似乎連五百都還不夠用似的，那叫我怎麼辦？」

曾有一次，胡適在徐志摩面前說：「男人應盡力賺出錢來爲女人打扮。」徐志摩覺得這是「太革命」的話。然而現在，他正實踐著胡適的「革命」。他想盡一切方法爲稻粱謀，爲陸小曼的生活開銷想辦法。這個原本出身富裕，在文壇上大名鼎鼎的人物，爲了讓妻子省一些，就是這樣掰著指頭數給自己的妻子聽，自己的日子現在過得有多麼窘迫。這個體面的人，最枯窘的時候，大夏天竟然只有一件白褂可穿，因爲沒有錢做新衣。沒錢，學校又經常欠薪，所以只能借，問朋友借，向熟人借，找高利貸借，好不辛苦。

徐志摩給陸小曼寫了很多信，儘管他對上海的日子避之無恐不及，但他對陸小曼還是斷不了牽掛。他的每一封信裡都是思念，每一份思念背後都是他對陸小曼耐心的勸導以及對生活窘境的無奈。抱怨免不了，因爲生活艱辛妻子又不解人意，但他很愛陸小曼，很愛。他娶了她，養著她，想盡了一切辦法爲她；他愛陸小曼很深。如果不深，那麼他只要養活了她就可以，但他不僅要養活了她，更要養好了她。他希望世人能看到她是個優秀的女人，希望自己的妻子能有屬於自己的光環。但是，上海眞的不能再待了。他勸小曼到北京去，苦苦地，近乎哀求：

「因爲我是我，不是洋場人物。於我固然有損，於你亦無是處。幸而還有幾個朋友肯關切你我的健康和榮譽，爲你我另開生路，固然事實上似乎有不少不便，但只要你這次能信從你愛摩的話，就算是你犧牲，爲我犧牲。就算你和一個地方要好，我想也不至於要好得連一天都分離不開。況且北京實在是好地方。你實在是過於執一不化，就算你這一次遷就，到北方來遊玩一趟：不合意時盡可回去。難道這點面子都沒有了嗎？」

但無論如何，這個時候的陸小曼不理解徐志摩的苦心。她給徐志摩的回應，直截了當，幾近殘忍：

「我是自幼不會理家的，家裡也一向沒有乾淨過，可是倒也不見得怎樣住不慣。像我這樣的太太要能同胡太太那樣料理老爺恐怕有些難吧，天下實在很難有完美的事呢。

……北京人多朋友多玩處多，當然愛住，上海房子小又亂地方又下流，人又不可取，還有何可留戀呢！來去請便吧，濁地本留不得雅士，夫復何言！」

也許，陸小曼眞的無法理解徐志摩的想法。她是交際名媛。這四個字意味著，陸小曼過慣了聲色場的風光生活。名媛的日子離不開交際圈，那裡是她生活的一部分。「上海房子又亂地方又下流，人又不可取」，這是在賭氣吧？也許還有些自怨自艾。下流的地方說的難道不是她的煙榻？不可取的人，你敢說不是她與翁瑞午麼？被丈夫這樣的說，即便自己吃鴉片煙眞的只是爲了讓身體舒服一些，但依著陸小曼的脾氣，破罐子破摔的話也就這樣說了出來。

其實，陸小曼未必眞的不想去北京與徐志摩在一起，畢竟，她的交際盛名是在那裡傳開的；而且與丈夫在一處，也免去了兩地相思的苦不是？但她就是不去，爲什麼？或許還因爲林徽因在那裡。這是陸小曼最無法釋懷的地方。

古城的舊情舊人

如果這個世界上只有一個女人是陸小曼無法面對的，那也只能是林徽因。因爲她是徐志摩第一個愛上的女人，是徐志摩沒有實現的理想。這個女人即便跟了別人，也還有能力讓徐志摩爲她神不守舍，無法對她忘情。那還是一九二五年，徐志摩收到林徽因的電報，說極想聽到他的消息，哪怕只有一句也行。這件事，被徐志摩寫到了詩裡：

啊，果然有今天，就不算如願，
她這「我求你」也就夠可憐！
「我求你」，她信上說，「我的朋友，
給我一個快電，單說你平安，
多少也叫我心寬。」叫她心寬！
扯來她忘不了的還是我——我，
雖則她的傲氣從不肯認服；
害得我多苦，這幾年叫痛苦
帶住了我，像磨麵似的盡磨！
還不快發電去，傻子，說太顯——

或許不便，但也不妨占一點
顏色，叫她明白我不曾改變，
咳何止，這爐火更旺似從前！
我已經靠在發電處的窗前；

可這件事情的結果，傷透了徐志摩的心，原來，林徽因竟然不只給他一個人發電報，不只跟徐志摩一人這樣說，所以，徐志摩——

震震的手寫來震震的情電，
遞給收電的那位先生，問這
該多少錢，但他看了看電文，
又看我一眼，遲疑的說：「先生，
您沒重打吧？方才半點鐘前，
有一位年青先生也來發電，

那位址，那人名，全跟這一樣，還有那電文，我記得對，我想，也是這……先生，你明白，反正意思相像，就這簽名不一樣！」

「嘸！是嗎？噢，可不是，我眞是昏！發了又重發；拿回吧！勞駕，先生。」

林徽因僅用了一封電報幾行字，就挑動了徐志摩心神，要知道，那時候徐志摩與陸小曼已經進入談婚論嫁的時候了。這樣的女人，在女人眼裡，不討好，但偏偏在男人眼中，卻就如同寶貝。徐志摩的那幫朋友中，有誰不喜歡她呢？她是林下美人，風姿出衆；她才華出衆，是當時的四大才女之一。就是這樣的林徽因，讓陸小曼放心不下。可偏偏，徐志摩才剛到北京沒多久，就與林徽因見了好幾次面。那時林徽因得著肺病，徐志摩也總以探病的名義見她去，但誰能說，正在生活中掙扎的徐志摩，見了林徽因——最初的夢想載體，心中潛伏的情愫沒有一點點復蘇呢？

其實，早在一九三一年一月間，徐志摩到在北京看望重病的梁啓超時，便去看望了因病留在北京休養的林徽因。他當時給陸小曼去了封信，說林徽因病了。陸小曼太瞭解徐志摩，她深信見了病中的林徽因，自己的丈夫一定是床前床後地照顧著。但那次，陸小曼的確多慮了一些，當時徐志摩並沒有見林徽因幾次，況且本身也不是會照顧病人的人。

可是，如果那一次徐志摩真的沒有機會照顧林徽因，那麼這一次，他與林徽因之間卻有了情感的互動。病中的林徽因多愁善感；而徐志摩正被上海的家拖得身心疲憊。現在，他們在舊時的城市相遇，又能一起吟詩作賦，參加社交活動，似乎一切又回到那年泰戈爾來華，甚至回到了那年的康橋那個煙雨朦朧的季節，他們一起讀著慈濟的《夜鶯》。他似乎又聽到那個紮著兩條小辮，笑容清澈的女子，笑著對他說：「我看到一句詩：I feel the flowers growing on me（我覺得鮮花一朵朵地開在我身上）這個意境多美。」

陳年的感情，是陳年的酒，罈子一開，便有化不開的濃香。徐志摩把自己的心浸在這陳香裡。據說，那時的林徽因居住的北總布胡同三號，儼然成了徐志摩的第二個家。林徽因與梁思成待他如上賓，而徐志摩也經常在這裡過夜。而這裡，也是讓一向溫婉的冰心難得寫下諷刺文章的「太太的客廳」。

七十多年後，林徽因與徐志摩都已離開塵世，林徽因的兒子梁從誡在評價母親的那段往事時曾說：

「我一直替徐志摩想，……若多活幾年對他來說更是個悲劇，和陸小曼肯定過不下去。若同陸離婚，徐從感情上肯定要回到林這裡，將來就攪不清楚，大家都將會很難辦的。林也很心痛他，不忍心傷害他，徐又陷得很深……」

看來，那年的徐志摩與林徽因的互動，在實質上已然有損林徽因家庭的和諧。這是愛了吧，但他們誰都不會言明。羅敷有夫，使君有婦。林徽因一生活在理智與規矩中，她不會承認自己在這個時候愛上了舊情人。徐志摩因情感經驗的波折亦不算少，或許是這些年的磨折，讓他的氣血受了損，亦或許是他眞的放不下陸小曼，所以他也沒有說。

所以，心人上心上人，那愛戀便只能永遠止於心中，而那憂傷，就像遠山的雲霧，只是輕輕一點，但卻揮不去，繞不開。

陸小曼瞭解徐志摩。她知道，林徽因是徐志摩心裡永遠的理想化身。都說徐志摩在陸小曼那裡最終實現了愛與美的理想，但這理想的源頭，正來自林徽因不是嗎？比起已經實現的理想，那個沒有追到的夢境，一定永遠美麗著。所以，與徐志摩結婚後的陸小曼才會對徐志摩說：「別的女人我不管，但唯有林徽因你不能見。」但是，她的丈夫僅去了北京不過幾天，就見了林徽因好幾次，而當時外頭關於徐林二人的浮言也更是讓她不得不往最壞的方面想。

也許不想與情敵見面，是驕傲女人的共性。她們的倔強與壞脾氣，不過是因為太愛你：可那份驕傲又不允許她們失了矜持與身段，所以她只能跟自己彆扭，假裝一切都不在乎。

彆扭歸彆扭，對徐志摩陸小曼畢竟有愛。她聽了徐志摩的勸，拜了賀天健學畫，進步也眞大。當徐志摩拿著她的畫帶到北京給胡適他們欣賞時，這些眼光挑剔的文人都覺得小曼的畫好，假以時日必成大器。陸小曼也眞的關心徐志摩，只是像她自己說的，從小被嬌慣大了，連家事都不會做，再說，她本就不是小媳婦，你又能如何能指望她體貼入微呢？所以，她的關心便只從情感的最直接處產生，比如，她覺得坐飛機危險，於是便勸徐志摩，回來萬萬別坐飛機了吧，還是坐火車好。

徐志摩是個浪漫的男人，感情太重，所以他經不起離別的苦，經常坐著飛機在北京上海間往來。陸小曼說，你別坐飛機，坐火車吧，省省錢也好，不會因爲坐火車丟了面子。其實陸小曼哪裡知道，徐志摩正是爲了省錢才坐飛機。他實在是窮得買不起火車票，而他在民航公司有朋友，經常送他免費機票，這才每次都坐飛機回。

想飛

北京正是暮春時節，深夜的五鳳城數百盞五彩紗燈將中央公園的牡丹花映出別樣的色調。吳其昌和他的妻子還在賞花，享受所謂的「明春」景致。這時，遠處古柏影叢中飄出說笑聲。他從雜亂的聲浪中，竟聽出家鄉硤石口音來。聲浪漸近，他看到了表哥徐志摩。徐志摩見到吳其昌，停下來，一手斜撐著身邊的古柏，一邊對著吳其昌說：「怎麼樣？北京好不好？住得舒不舒服？我這次來，可是坐著飛機來的哦。」說到飛機時，徐志摩臉上有了難掩的興奮，「從上海坐到天津，人家送的票，我回上海的時候，還想坐飛機走哪。」

這是吳其昌記憶裡，關於徐志摩的，最不平凡的影像。

徐志摩喜歡坐飛機。飛在空中，會讓他覺得自己像晚上掛在藍天上閃亮的星星一樣，不再是一個地球上的人，不再是個凡人。萬物眾生，悲歡離合都那樣渺小。那樣的時刻，靈魂飛過高山大湖，飛離了鬧市。

> 「是人沒有不想飛的，老是在這地面上爬著夠多厭煩，不說別的。飛出這圈子，飛出這圈子！到雲端裡去，到雲端裡去！那個心裡不成天千百遍的這麼想？飛上天空去浮著，看地球這彈丸在太空裡滾著，從陸地看到海、從海再看回陸地。凌空去看一個明白——這才是做人的趣味，做人的權威，做人的交代。這皮囊要是太重挪不動，就擲了它，可能的話，飛出這圈子，飛出這圈子！」

飛出這圈子，因爲這世界讓他失望。努力爭取來的自由婚姻讓他失望，現實的難題讓他失望，他幾乎在這俗世裡喪失了自我。想飛，不再是他幻想的浪漫，卻是有些絕望的呼喊。但是陸小曼從來未曾注意到她的丈夫已經深陷生活的泥潭不可自拔，但即便是她注意到了又能如何？她自己，也在生活裡掙扎頹廢。

徐志摩給陸小曼寫了信，但陸小曼總是積累到不得不回時，才懶懶提筆。好不容易提了筆也總是寫些氣話，或者猜疑她的丈夫是不是跟舊情人見面了，再不然，就是伸手要生活費。她寫給徐志摩的信裡，再也沒有原來的軟語溫存。有時，徐志摩從北京急急趕回來看她，她也不過是倒在煙榻上，與翁瑞午一起吞雲吐霧。翁瑞午從未離開過陸小曼的生活。在徐志摩離開的這段日子裡，他全然成了徐志摩家裡的另一個主人。而陸小曼似乎也並不避諱與他曖昧的相處，即便是在徐母跟前，以至於徐家老太太氣得跟張幼儀訴苦：「家裡來了個姓翁的男人，這個人現在住在家裡，現在他是她的男朋友哦！那天我叫傭人做了冰箱裡放的一塊火腿，陸小曼很不高興，說我們不能吃，因為那是留給翁先生的。還有啊，還有，志摩他教書，喉嚨一定疼死了，還坐了那麼久的飛機回來，要累死了，我讓傭人把參片給志摩做了等他回來吃。結果你聽陸小曼說什麼，她說：『不能做，那是留給翁先生的。』你聽聽，這到底是誰的地方，是公婆的，是媳婦的，到是那個姓翁的！我再也住不下去啦，我要到你那裡去跟你一起住……」

徐母這樣生氣，可徐志摩還是那句話，一起吸煙不會出事。有一天，徐志摩回到家裡，見到陸小曼與翁瑞午躺在一起吸煙，徐志摩沒說什麼，只是也爬上煙榻，在陸小曼身邊躺下。就這樣，三個人橫七豎八在煙榻上躺了整整一夜。徐志摩真的一點兒也不在意嗎？當然在意。他在寫給陸小曼的信裡，已經說得很清楚：

「你的困難，由我看來，……而完全是在積習方面。積重難返，戀土情重是真的。（說起報載法界已開始搜煙，那不是玩！萬一鬧出笑話來，如何是好？這真是仔細打點的時機了。）我對你的愛，只有你自己最知道。前三年你初沾上習的時候，我心裡不知有幾百個早晚，像有蟹在橫爬，不提多麼難受。但因你身體太壞，竟連話都不能說。我又是好面子，要做西式紳士的。所以至多只是短時間繃長著一個臉，一切都鬱在心裡。如果不是我身體茁壯，我一定早得神經衰弱。我決意去外國時是我最難受的表示。」

徐志摩是要做紳士的，只是這紳士舉動，陸小曼並沒有看在眼裡，就算看在眼裡，也顧不得去照顧丈夫的感受，她只顧著放縱自己，只顧著沉溺。也許是知道，徐志摩定然不會離開她，所以徐志摩不在家時，她也會寫信告訴他，她想他了，但當徐志摩眞的回了家，陸小曼的回應卻並不熱情。

「我這次回來，咱們來個洋腔，抱抱親親何如？這本是人情，你別老是說那是湘眉一種人才做得去。就算給我一點滿足，我先給你商量成不成？我到家時刻，你可以知道，我即不想你到站接我，至少我亦人情的希望，在你容顏表情上看得出對我一種相當的熱意。」

徐志摩原以爲久未見面愛人，也該有個相當的表示，一進門，張開雙臂來個親切的擁抱。但妻子永遠坐著，躺著，將一口口鴉片煙往嘴裡送，她顧不得看剛剛進門的丈夫。爲此徐志摩無不傷心，苦情得就像得不到愛寵的孩子。

日子就這樣在糾葛中過去。徐志摩依然在北京與上海間奔波，依然在經濟的艱難與家事的窘困中周折不斷。轉眼便是一九三一年十月，徐志摩再次決定回一趟南方。同樣，還是坐免費的飛機，不同的是，這次離開以前，他幾乎見到了所有北平的朋友。

劉半農記得，徐志摩決定了回南方以後，他曾邀了幾個朋友，給徐志摩餞行，一夕清談。

熊西弗記得，那幾天北風起了，徐志摩有天晚上到他家裡，爐火邊兩天暢談了一番。那夜，徐志摩對他說：「我也算經過了各種生活，但還沒有體驗過戰場生活呢。我想到戰場殺敵，我恨不得戰死沙場。今天的詩人，戰死沙場恐怕是最好的歸宿。」

葉公超還記得，那天徐志摩神采飛揚地慫恿他一起去上海。只是他去上海無事可幹，所以，沒有被徐志摩說動。

許地山後來有一次跟鄭振鐸說，那次徐志摩決定回南方之前，曾與他在前門遇見。巧的是，那天梁思成、林徽因也在。許地山還記得，徐志摩那天在前門喧囂的人群中，悠悠地，帶點玩笑地說：「我要回南方一趟，說不定啊，永遠不回北平了。」

那段時間，徐志摩還去拜訪了淩叔華。在她那裡，徐志摩看到淩叔華抄寫了自己寫的一篇遊記。讓徐志摩覺得奇怪的是，淩叔華在這文章上寫了開玩笑似的一句話：「志摩先生千古。」徐志摩大異，說：「哪能千古了呢？」

在他走的前一天，徐志摩再次去梁家找梁思成和林徽因。只是夫婦不在，徐志摩苦等他們不回，於是便留下便條，上書：「定明早六時起飛，此去存亡未卜。」林徽因回來以後看到了這句話，心中一陣煩悶，於是打了電話給徐志摩。他在電話那頭對她說：「放心，我得留著生命做更偉大的事業呢。」

……

與北京的朋友幾乎全都打過了招呼後，徐志摩動身南行。

一九三一年十一月十七日，他到了上海。卻不料，他與陸小曼大吵了一架。還是為了小曼抽鴉片煙的事，徐志摩勸了小曼幾句。不知為什麼，陸小曼竟大發脾氣，抓起煙槍就朝徐志摩擲去。徐志摩倒是躲避了過去，只是他的眼鏡掉在了地上，碎了。

一切似乎都碎了，所有的希望與所有的期待。徐志摩沒有說話，只是一轉身出了門。那天晚上，他沒有回家，去了陳定山家裡。當徐志摩看到陳定山家裡擺著煙榻時，苦笑著說：「我也眞想吸吸看，這到底是怎樣的滋味。」

這位離家出走的丈夫，第二天下午便回了家。他料到妻子沒有好臉色對他，但他絕沒有想到，陸小曼竟寫了一封言辭刻薄的信，放在桌前等著他看。陸小曼看到，徐志摩在讀她寫的信，那張臉上亦是悲，亦是痛。她正等著徐志摩的斥罵，結果他什麼也沒有說，提著箱子出了門。陸小曼看在眼裡，卻沒有阻攔。她想，徐志摩總會回來的，每一次，他都回來了。

但是，陸小曼還是覺得心裡不踏實，有些後怕（事後感到害怕）。徐志摩太平靜。他沒有罵她，也沒有怨她。雖然陸小曼清楚，徐志摩是永遠不會對她大聲責罵的，但這一次，徐志摩的平靜，彷彿在她心裡鑿了一個洞，讓她空蕩蕩的沒有著落。他離開，她後悔。怎麼辦？只得提筆寫封信去，沒有其他辦法。

「前天晚上我亦不知怎樣寫的那封……我這才受悔呢！還來得及麼？你罵我亦好，怨我亦該，我沒有再說話的權了！我忍心麼？我愛！你是不會怨我的，亦決不罵我，我知道的。可是我自己明白了自己的錯，比你罵我還難受呢！我現在已經拿回那信了，你饒我吧！……你非信我愛你的誠心，你要我用筆形容出來是十枝筆都寫不出來的……摩呀，今天先生說些話使我心痛的利害。咳！難道說我這幾個朋友還疑心我，還看不起我麼？可是我近來自己亦好怕我自己，我不如先的活了，有時我竟覺得我心冷得如死一樣，對於無論如何事都沒有希望，只想每天糊亂的過去，精乏力盡後倒床就睡。我前個樣子又慢慢的回來了，我自己的本性又漸的躲起來了，他人所見的我不是我本來的我了。……」

看來，各自有各自的苦楚。從這信裡看，陸小曼與徐志摩的朋友們定是說了她不少難聽的話。不用想也知道，無非是繞著鴉片與翁瑞午，再不然就是勸她振作，也許還有人說她看不上徐志摩也說不定。這個從小在光環與讚譽裡長大的孩子，聽著這樣的話，不會舒服。

其實陸小曼不是不爭氣。想她小時候貪玩，不肯學，後來父親狠狠給了她一耳光。那次，她沒有哭鬧，只是從此以後開始發憤，終成一代才女。那次，她或許並不是對學問有多大熱情，或許也不過是想證明自己若是想學也定然不會比別人差。那年她有心力證明，但這一次，不知爲何，她卻再也振作不起精神。因爲這病弱的身子？因爲鴉片？還是因爲她對生活失去了信心？

她說，她心冷得如灰一樣，對於無論何事都沒有希望。也許，陸小曼和徐志摩一樣，從浪漫幻想的雲端直直落入了生活的泥潭中。人們總說徐志摩因陸小曼沉淪，可陸小曼又何嘗不是因徐志摩給她的希望太美好，這才離開原來的生活，隨著他走進對浪漫的期望裡，最後一樣困在現實裡不可自拔呢？

所以，陸小曼離開王賡，是幸或不幸？陸小曼認識徐志摩，是幸或不幸？她出身名門，自小便是家人的掌上明珠，長大後更是所有人的嬌寵。她是交際場上萬衆矚目的明星，人人圍著她轉。嫁給王賡，她一樣有享不盡的風光。丈夫是人中龍鳳，並不辱沒自己的名聲。難得的是，王賡在婚後，並沒有過分干涉她的生活，該跳的舞還去跳，該有的聚會還是聚，玩得再瘋，也不會有人來指責她的不是，至少，王賡的朋友沒有說她半句壞話。陸小曼，仍然活在耀眼的光環裡，生活富足無憂。

現在，她還是陸小曼，她只是想活在原來的生活裡，卻沒有發現生活的軌跡已然轉變。徐志摩成全了她對生活的幻想，卻沒有成全她眞正的現實。徐志摩成全了小曼，小曼也成全了徐志摩，但最終，徐志摩又何嘗不是害了陸小曼，陸小曼同樣害了徐志摩。

陸小曼那封道歉的信寄了出去，只是，徐志摩沒有收到。

一九三一年十一月二十日《北京晨報》刊發了一條消息：

「京平北上機肇禍，昨在濟南墜落

機身全焚，乘客司機均燒死

天雨霧大誤解開山

【濟南十九日專電】十九午後二時，中國航空公司飛機由京飛平，飛行至濟南城南三十里黨家莊，因天雨霧大，誤觸開山山頂，當即墜落山下。本報記者親往調查，見機身全焚毀，僅餘空架。乘客一人，司機二人，全被燒死，血肉焦黑，莫可辨認。郵件被焚後，郵票灰仿佛可見，慘狀不忍睹……」

乘客一人，是徐志摩。徐志摩死了，飛機失事。

就在這前一天早上，十一月十九日，徐志摩還給梁思成發去電報，說他二十號要到北京了，囑咐他下午三點找輛車去南苑機場接他。也就在那一天，幼儀見到了徐志摩。幼儀聽他說，他要立刻回北平了，一樣是坐飛機走。幼儀不明白，他爲什麼這麼著急離開，而且她總覺得，坐飛機不好。她勸過徐志摩。當時，徐志摩笑著說，不用擔心，不會有事的。

只是，到了二十日，梁思成派去南苑機場接徐志摩的車，沒有等到他；而那天晚上，幼儀也接到了噩耗。

那天晚上，幼儀與朋友打了幾圈麻將，回到家時已經是第二天凌晨。就在她剛剛入睡不久，便被傭人叫醒，說是有位中國銀行裡供職的先生在樓下等她，有電報送來。幼儀見了這位送信的先生，他說：「徐志摩搭乘的飛機，撞山墜毀了。徐志摩死了。」幼儀似乎正在半夢半醒間，她聽了這消息，竟一時沒有反應，彷彿在做一個久遠的夢。直到送信的先生說：「我去過陸小曼那裡，她不肯去認領徐志摩的遺體。她不相信徐志摩遇難的消息是眞的。」這句話一下點醒了幼儀，她彷彿看見陸小曼關上前門將自己埋進煙霧中的樣子。那一刻，是幼儀此生最恨陸小曼的時候。陸小曼怎麼可以不認徐志摩的遺體，這難道就是她口口聲聲說的愛情嗎？

曾經有人問張幼儀，你愛徐志摩嗎?張幼儀說：「如果責任是愛，對父母的孝敬是愛，那麼我愛他。在他愛過的三個女人裡，說不定我最愛他。」她還說，陸小曼不愛徐志摩，因爲她竟然可以放著自己丈夫的遺體不管只顧著悲痛。陸小曼沒有辦法面對徐志摩死去的事實，但張幼儀必須想辦法解決所有的事。就像當年徐志摩的母親離世，是她一手操辦了喪禮一樣，這一次，她再一次像個正室一樣，決定了徐志摩死後的儀式。而陸小曼，則被悲痛與悔恨奪走了所有力量。當她終於有勇氣面對徐志摩遺體時，她作爲現任的妻子，甚至沒有辦法超越幼儀的權威，爲她的丈夫決定壽衣與棺材的樣式。

徐志摩的離開，對他的朋友而言，簡直就像是一場夢。那樣一個活潑有朝氣的人，昨天還在你的席間高談闊論，怎麼今天就這樣安靜地躺著。他們簡直無法想像，沒有了徐志摩的朋友圈，將會是怎樣的光景。

那光景是慘澹的。新月因爲失了靈魂而終於黯淡，減滅了光輝。而林徽因與淩叔華，也因爭存他生前的日記與書信而起了爭執。據說林徽因藉著胡適的幫助，從淩叔華那裡得來了徐志摩的部分日記與書信，那些文字中，有關於她與徐志摩的康橋舊事。從此，她再也沒有把這些文字示人。她爲什麼這樣做？沒有人知道，爲了名聲，還是爲了給自己留一份僅屬於她與徐志摩的單獨的紀念？沒有人知道。

朋友們都愛徐志摩，愛他的單純與浪漫的理想。在那樣一個紛亂的年代，他的理想與浪漫，帶給世人一個關於自由、愛與美的信仰。他們寫了很多文章來紀念這個單純的詩人與浪漫的理想主義者，稱頌他的人格與單純，但就是這樣一群朋友，在陸小曼說想要將徐志摩的作品集齊發表時，竟得不到回應。他們不回應，並不是因爲他們不愛志摩，或許只是因爲發起人是陸小曼。

朋友們大都認爲，陸小曼生前的揮霍與放浪令徐志摩的生活與精神都陷入了危機，令他不得不在北京與上海間來回跑，令他不得不乘飛機兩地奔波，最終他因飛機失事而橫死。所以，陸小曼在徐志摩死後，遭到了衆人的冷眼。這樣的女人想爲徐志摩出版文集，朋友們心中放不下芥蒂。就連徐志摩的鄉親都沒有原諒陸小曼，他們甚至沒有允許她與自己的丈夫合葬。最終，她的一世風流被留在蘇州，與埋在硤石的徐志摩，離得依舊很遠。

因爲徐志摩的死，陸小曼才華的光豔，被她的缺點徹底地掩蓋。人們只記得那樣一個在交際場上揮金如土的陸小曼，忘記還有一個才情出衆，不顧世俗評判，活出自我個性的陸小曼。但是，不顧世俗評判，才是她所生長的那個年代，給她的最殘酷審判。

徐志摩死了，一生短暫而熱烈。三十幾歲，留幾段感情給後人品咂（ㄗㄚ），創一個文學流派，供世人瞻仰，但他的墓碑卻只題著「詩人徐志摩」。詩人，是他理想與信仰的全部精髓所在，無需再多解釋，短短五字，卻最好地概括了他短暫而可觀的一生。

7 只剩懷念

說不出的「我愛你」

所有人都在懷念徐志摩。幼儀的懷念最實際，她操持了徐志摩身後所有的事務，替他照顧年邁的父親；陸小曼的懷念，最是情理之中。她在徐志摩死後，終身素服，從此絕跡交際場；而林徽因的懷念最特別。那天梁思成去濟南處理徐志摩善後，他從飛機失事現場帶回一塊飛機殘片。這塊殘片，被林徽因掛在牆頭，一直到她也離開這個世界，才被摘下。

懷念，於林徽因而言有著不同的意味。因爲《康橋日記》的遺失，她與徐志摩之間的記憶，便專屬於她。所以，那段舊日的旖旎情懷，從往事變成了故事，又從故事變成了傳說。

有人猜，林徽因是愛著徐志摩的，只是她太理性，太聰明。

很多民國才女，或愛得熱烈，或愛得純樸。她們的愛情執著而決絕，如張愛玲、如蔣碧薇、如蕭紅。這些才女們並不是不聰明，她們身上絕不乏智慧。她們的才藝與領悟力，民國以後再難尋找。可她們在愛情中，卻總是笨拙地傷到自己。或許，正因爲她們對愛的頑強執著，太過鋒利，生生割斷她們情感中那根聰慧的弦，所以傻了，所以傷了。但林徽因的感情，卻是民國才女中少有的例外。她是眞的聰明，流水一樣靈活而柔軟地避開了執著的鋒刃，在風花雪月的迷陣中，全身而退。

所以，林徽因走了，離開了那個過分浪漫的徐志摩，離開了這個已有家室的男人。她的家世與她天性中的高傲，都令她無法背叛自己家庭的聲望。她的心性與智慧，幫她實現了情感與理智的平衡，幫她圓滿了自己的幸福——她將未來許給了梁思成，另一個家世顯赫，年輕有爲的男人。

也有很多人猜，林徽因並不愛徐志摩。或許這就是眞相，就連林徽因自己也說，像她這樣一個在舊倫理教育薰陶下長大的姑娘，根本無法想像與一個大自己八、九歲的男人談戀愛。她又說，她知道徐志摩在追求自己，但她只是敬佩、尊重這位詩人，當然也尊重他給她的愛情；她還說，徐志摩所追求的，不過是被他理想化與詩化的林徽因，而不是眞正的林徽因；她甚至說，徐志摩雖然浪漫，但俗氣。一段在世人看來曼妙而傷感的愛情，被當事人用理性的話，做了最不浪漫的總結。

但不愛，或許只是對外人言的話。也許康橋時期的懵懂少女對詩人突如其來的熱烈感情攻勢無法作出更多的回應，但此後，徐志摩一次次的溫情的示意，她不會不懂。

那年，已然是林徽因與梁思成互訂終身以後了。記得是一九二三年春天。就在這一年，徐志摩仍然爲林徽因寫了《渦提孩》譯本的《引子》：

「我一年前看了Undine（渦提孩）那段故事以後，非但很感動，並覺其結構文筆並極精妙，當時就想可惜我和母親不在一起，否則若然我隨看隨講，她一定很樂意聽。此次偶爾興動，一口氣將它翻了出來，如此母親雖在萬里外不能當面聽我講，也可以看我的譯文。譯筆很是粗忽，老實說我自己付印前一遍都不曾複看，其中錯訛的字句，一定不少，這是我要道歉的一點。其次因爲我原意是給母親看的，所以動筆的時候，就以她看得懂與否做標準，結果南腔北調雜格得很，但是她看我知道恰好，如其這故事能有幸傳出我家庭以外，我不得不為譯筆之蕪雜道歉。」

這段話裡，沒有「林徽因」，只有「母親」。但這每一個「母親」都可被換成「林徽因」。這便是徐志摩迷戀林徽因的方式。有些話，不能寫卻不得不寫。那樣的感情含在句子裡，明知你讀到未必能懂，但還是奢望你可以看穿文字的隱藏讀懂對你的迷戀。這段文字，後人在考證時都能看得明白，如何能相信當年冰雪聰明的林徽因看不透？但林徽因還是走了，與梁思成一起去了美國。徐志摩也不得不暫時放下與她的糾葛。是的，只是暫時，因為當後來，徐志摩因生活困境回北平時，二人的情感再度萌發。只是那一次，徐志摩與林徽因一樣，選擇了後退。

但是，徐志摩的死，讓林徽因的情感閘門終於打開。最終她不得不承認，徐志摩獻給她的感情，是她最珍貴的紀念：

別丟掉
這一把過往的熱情，
現在流水似的，
輕輕
在幽冷的山泉底，
在黑夜　在松林，
嘆息似的渺茫，
你仍要保存那眞！
一樣的月明，
一樣是隔山燈火，
滿天的星，
只是人不見，
夢似的掛起，
你問黑夜要回

那一句話——你仍得相信
山谷中留著
有那回音！

只是，林徽因永遠是那個林徽因。你永遠聽不清她心曲的眞正音節。她永遠，只對你做一個口形，你細細看，那分明是：「我愛你。」

你的離去，我的孤寂

「請你告訴志摩我這三年來寂寞受夠了，失望也遇多了，現在倒能在寂寞和失望中得著自慰和滿足。告訴他我絕對的不怪他，只有盼他原諒我從前的種種不瞭解。但是路遠隔膜誤會是所不免的，他也該原諒我。我昨天把他的舊信一一翻閱了，舊的志摩我現在眞眞透徹的明白了，但是過去，現在不必重提了我只求永遠紀念著。」

林徽因給胡適寫這封信的時候是一九二七年。彼時，她與梁思成到美國不過三年而已。不過三年，失望卻多了，寂寞卻多了。哪能不失望，梁思成太穩固，所以沉穩有了卻總失了風情。梁思成自己也承認，做林徽因的丈夫不容易。他的妻子思想活躍得讓他總有些跟不上。所以兩人初到美國時，時時總有爭吵，這磨合期過得如在刀山劍樹上一般。所以，林徽因寂寞了。寂寞的女人從來只做兩件事——尋安慰與懷念。

安慰，林徽因早兩年便尋了，就是那封讓徐志摩寫下《拿回吧！勞駕，先生》的電報。也不能怪她給許多人發一樣的電報。心空了，最好的補劑是情感的安慰。她只是出於本能，毫無遮掩地向愛她的朋友們渴求一點慰藉。

現在，她還剩懷念。懷念那些令她充實的人，懷念那些曾填滿她內心空洞的事。所以，徐志摩曾帶給她的心悸便在這個時候慢慢滲入她的骨髓。她把他的舊信一一翻閱。從寂寞的眼望去，在梁思成那稍顯沉悶的情緒底色中，徐志摩熱烈而浪漫的情感，才真真正正透徹起來。

但還能如何。徐志摩已經結婚了，他的柔情從此只給一個人；而林徽因永遠是林徽因，她必須是完美的女性，必須用一切來維繫她的尊貴與名聲。所以，過去的現在不必重提，她只紀念，永遠。哪怕此生注定了孤寂，她也甘心坐在寂寞的船上，自己拉縴（在岸上用繩子拉著船前進）。

林徽因的孤寂疊成了她自私的情感。她在梁思成寬容的愛裡任性地跳著，頑皮像個孩子。但這樣寬容的丈夫從未被寫進她的詩裡。她活在徐志摩的詩裡，最終，她也只讓徐志摩走進她的詩：

這一定又是你的手指，
輕彈著，
在這深夜，稠密的悲思；
我不禁頰邊泛上了紅，

靜聽著，
這深夜裡弦子的生動。

一聲聽從我心底穿過，
忒淒涼
我懂得，但我怎能應和？

生命早描定她的式樣，
太薄弱
是人們的美麗的想像。

除非在夢裡有這麼一天，
你和我
同來攀動那根希望的弦。

《深夜裡聽到樂聲》，林徽因於一九三一年九月寫下的詩。那正是她在北平養病，與徐志摩情意復蘇的時候。命運捉弄人，再美的過往也敵不過現實的一瞬，所以，她懂，卻不能應和，她只會在夢中攀動希望的弦。他的相思，你的惆悵，雖然表達的方式特殊，但仍是這樣直直鋪在紙上，你的丈夫看到了，是不是也有隱痛劃過心頭？看來你並沒有考慮，你只是至情至性地表達自己的情緒，把那個愛過你的男人寫進詩裡。

即便懷念，林徽因也沒有對她與徐志摩在英國時的那段舊事抱有幸福的回憶。徐志摩心中那段最浪漫的康橋記，在她口中，不過是「一段不幸的曲折的舊歷史」。儘管她說她不悔這段往事，卻已從根處，否認了徐志摩獻給她的愛。如果徐志摩知道，林徽因對他們的康橋往事避之無恐不及，稱那不過是一場凡俗的滿足，那麼，他是不是還能視她爲理想的女神？

過山過水過硤石

一九三四年，徐志摩去世三年。

火車路過硤石，正是黃昏。火車長嘆一聲，停住腳步。林徽因趴在視窗，看著遠山黑色的輪廓與星點的燈火。她與丈夫梁思成一起，在浙南武義宣平鎮考察完建築，正往上海的路上。硤石，就這樣跳進她的旅途，就像這裡的一個朋友，總在別人想不到的時候蒞至，帶來笑聲與勇氣，而他在她的生命中出現，誰又能說不是偶然？

我是天空裡的一片雲，
偶爾投影在你的波心——
你不必訝異，
更無須歡喜——
在轉瞬間消滅了蹤影。

你我相逢在黑夜的海上，
你有你的，我有我的，方向；
你記得也好，
最好你忘掉，
在這交會時互放的光亮！

都說徐志摩的這首詩是爲她而寫，都說是她成就了徐志摩生命裡最美麗的初戀，但誰又能說，那次生命的偶然相交，沒有成全現在的林徽因。他教會她愛情的第一種滋味，也教會她詩的浪漫與美麗。但是爲什麼，徐志摩爲了她漂洋過海追過來，用情之深感天動地，她都沒有選擇他？是因爲徐志摩是「詩」，太浪漫，不適合過日子；是因爲梁思成是「建築」，踏實穩重，這才是生活的良伴。林徽因一向理智，她懂得哪一種選擇對女人而言更好。所以，儘管她日後與梁思成的生活少了多彩的顏色，但終歸安穩。而選擇了徐志摩的陸小曼，多了熱烈，也惹了愁端。

林徽因從來沒有說過，她愛徐志摩，只是，這無意經過硤石時動心的一瞬，便已洩漏了她從不言明的祕密。她眼前浮現出那張孩子似的臉，淺淺笑著。是笑那些在他離開後，世人對他的評定嗎？他是從不介意這些評價的人。在許多淺陋刻薄的攻訐面前，徐志摩表現出的，往往是憐憫同原諒；他彷彿永遠潔淨著心靈，高高抬著頭，用完整的誠摯支撐他心中的勇氣。這是林徽因眼中的徐志摩。然而就是這樣的徐志摩，最終也不得不低頭在他的理想之下。

火車擒住軌，在黑夜裡奔：
過山，過水，過陳死人的墳；
過橋，聽鋼骨牛喘似的叫，
過荒野，過門戶破爛的廟；
過池塘，群蛙在黑水裡打鼓，
過噤口的村莊，不見一粒火；
過冰清的小站，上下沒有客，

月臺袒露著肚子，像是罪惡。
這時車的呻吟驚醒了天上
三兩個星，躲在雲縫裡張望：
那是幹什麼的，他們在疑問，
大涼夜不歇著，直鬧又是哼，
長蟲似一條，呼吸是火焰，
一死兒往暗裡闖，不顧危險，
就憑那精窄的兩道，算是軌，
馱著這份重，夢一般的累墜。

……

林徽因靜靜望著窗外，火車已經開動，帶她離開這座偶然的小城。松林在黑夜裡嘆息，往事沉在暗夜裡，模糊不可辨。風凜冽地撞開她的心，彷彿要吹盡心頭的熱情。身邊的丈夫只是靜靜陪著她，爲她披上一件外衣。

林徽因知道，徐志摩離開得太早，世人惋惜，但對他自己而言又何嘗不是一種解脫。徐志摩的生命，唯其短暫，所以可觀。他在那短短的一生裡，便經歷了其他人用長長一輩子都未必能嘗遍的，所有愛恨嗔癡。他太不一樣，與時代格格不入。無論後人對這個時代有怎樣的評價，頹廢的也好，赳赳霸氣也罷，那似乎都不像是徐志摩的年代。他浪漫但不頹廢，他有志氣但不霸氣，寫的文章諷刺的誇讚的都很到位，但都透著紳士氣，平靜而溫和。

傷逝，這樣的人過早離開人世，於世人而言究竟是幸或不幸，但無論如何，林徽因知道，此刻的徐志摩，正享著生命中難得的平靜。

他說他愛水，愛空中的飛鳥，愛車窗外掣過的田野山水。星光的閃動，草葉上露珠的顫動，花絮在微風中的搖動，雷雨時雲空的變動，大海中波濤的洶湧，都是觸動他感性的情景，都是他的靈感。現在，他與青山同體，坐擁心中最美的風景。

後記

一本著作的完成需要許多人的默默貢獻，閃耀的是集體的智慧。其中銘刻著許多艱辛的付出，凝結著許多辛勤的勞動和汗水。

本書在策劃和寫作過程中，得到了許多同行的關懷與幫助，及許多老師的大力支持，在此向以下參與本書後期製作的人員致以誠摯的謝意：許長榮、上官紫微、王光波、史慧莉、丁敏翔、李倩、張雲、楊茜彥、張平、黃桂月、胡明媛、吳虹展、劉默、王陽、陳思思、李琳、周凱、韓佳媛、羅舒予、鄧青、趙智、齊豔傑、楊豔麗、張豔芬、周珊、李偉軍、李惠、劉健、于海英、薑波等。

本書在寫作過程中，借鑒和參考了大量的珍貴文獻和作品，從中得到了不少啓悟，也汲取了智慧菁華，謹向各位專家、學者表示崇高的敬意。

徐志摩情話

1. 我將於茫茫人海中訪我唯一靈魂之伴侶。《致梁啓超》

2. 最是那一低頭的溫柔，像一朵水蓮花不勝涼風的嬌羞，道一聲珍重，那一聲珍重裡有甜蜜的憂愁。《沙揚娜拉贈日本女郎》

3. 我是天空裡的一片雲，偶爾投影在你的波心。《偶然》

4. 我如果沒有愁過你的愁，思慮過你的思慮，我就不配說我愛你。你以為你像鋸子般拉扯的是什麼，是我肉做的心啊！《徐志摩文集》

5. 我終究是你千年的白狐，灰飛煙滅後，我會等待下一次的輪迴，那碗孟婆的湯，我始終不會去喝的，就是為了記住你的樣子，因為我怕我會錯

過每一次和你在輪迴中的相遇。《徐志摩文集》

6. 我是在夢中，在夢的悲哀裡心碎。《我不知道風是在哪一個方向吹》

7. 我人雖走，我心不離開你。《愛眉小札》

8. 你早已成我靈魂的一部，我的影子裡有你的影子，我的聲音裡有你的聲音，我的心裡有你的心。《徐志摩文集》

9. 旋轉木馬是最殘忍的遊戲，彼此追逐卻有永恆的距離。《徐志摩文集》

10. 如果一開始，你就不要出現在我的面前，那麼，我也許就不會知道幸福的滋味。《徐志摩文集》

11. 怨得這相逢，誰做得主？——風！《怨得》

12. 讓我花掉一整幅青春，用來尋你。《迷藏》

博雅文庫 171

遇見徐志摩　風往哪裡吹

作　　者　敏　君
發 行 人　楊榮川
總 編 輯　王翠華
主　　編　黃文瓊
封面內文繪圖　林明鋒
封面設計　吳佳臻
出 版 者　五南圖書出版股份有限公司
地　　址　106台北市大安區和平東路二段339號4樓
電　　話　(02)2705-5066
傳　　真　(02)2706-6100
劃撥帳號　01068953
戶　　名　五南圖書出版股份有限公司
網　　址　http://www.wunan.com.tw
電子郵件　wunan@wunan.com.tw
法律顧問　林勝安律師事務所　林勝安律師
出版日期　2016年9月初版一刷
定　　價　新臺幣280元

國家圖書館出版品預行編目（CIP）資料

遇見徐志摩　風往哪裡吹 / 敏君著. -- 初版. --
臺北市：五南, 2016.09
面；　公分. --（博雅文庫；171）
ISBN 978-957-11-8727-3（平裝）

1.徐志摩　2.傳記

782.884　　105013372